Dieter Wellershoff

lik 03
Schriftenreihe des
Literatur-in-Köln-Archiv / Heinrich-Böll-Archiv
Herausgeber: Stadtbibliothek Köln

Die ungeheure Vielfalt der Welt festhalten
Dieter Wellershoff

Herausgegeben von der Stadtbibliothek Köln
Ausgewählt, zusammengestellt und bearbeitet von
Gabriele Ewenz und Werner Jung
Verlag der Buchhandlung Klaus Bittner

Einführung
Gabriele Ewenz und Werner Jung

Anlass für den dritten Band der Schriftenreihe lik ist der 90. Geburtstag von Dieter Wellershoff, der dem **Literatur-in-Köln-Archiv** seit der Gründung in den 1970er Jahren tief verbunden ist. Verschiedene Überlegungen sind dieser Publikation vorausgegangen. Dabei kristallisierte sich in unseren Gesprächen sehr deutlich heraus, was dieser Band nicht beinhalten würde: es sollte kein neuerlicher Sammelband mit Arbeiten verschiedener Autoren geben, der Bedeutung, Rang und Wert, schließlich die Stellung Dieter Wellershoffs in der bundesrepublikanischen Nachkriegsliteratur abmisst; es sollte auch keine Publikation entstehen, die sozusagen als Nachtrag zur neunbändigen, im **Verlag Kiepenheuer & Witsch** edierten, Werkausgabe fungiert. Nein, im Blick auf die literarhistorische Situierung Wellershoffs existiert eine Vielzahl von monographischen Arbeiten wie auch von Sammelbänden, die dem Erzähler, Medienautoren, Essayisten und auch Lektoren gewidmet sind. Und die Werkausgabe bietet einen prominenten und überaus reichhaltigen Überblick über ein nunmehr sechzigjähriges Schaffen.

Wie wäre es aber mit einem Werkgespräch, einer intellektuellen Auseinandersetzung, die Wellershoff seit jeher geschätzt hat, wofür nicht zuletzt auch wieder eine beeindruckende Zahl von publizierten Gesprächen einzustehen vermag? Bei einem Vorgespräch mit Dieter Wellershoff einigten wir uns schnell hierauf, und ein möglicher Themenkomplex ward ebenso bald gefunden: die Literatur und der Raum. Allerdings hat sich das Gespräch – und das spricht ebenso für das weite Assoziationsfeld der Thematik wie zugleich für Dieter Wellershoffs unermüdliche Kreativität im Denkprozess, für den Erfahrungsreichtum auch, den er als auf allen literarisch-künstlerischen Gebieten ausgewiesener Kenner mitbringt – in eine bestimmte Richtung bewegt und schließlich auf einen Gegenstand fokussiert: Fotografien des Autors, die Ende der 1970er Jahre entstanden, und an deren Betrachtung Dieter Wellershoff Grundüberzeugungen seines künstlerischen Schaffens wie Selbstverständnisses zu explizieren versteht.

Ausgehend von diesen fotografischen Fundstücken ist die Idee dieser Publikation gereift, denn der Band präsentiert ›Trouvaillen‹, wie es einmal in unserem gemeinsamen Gespräch heißt, aus mehr als fünfzig Jahren – Texte, die die Aufmerksamkeitsrichtungen des Kölner Schriftstellers sowie seine Interessen zeigen. Bemerkenswert sind das breite Spektrum und die Experimentierfreude, die sich insbesondere in den kalligraphischen Texten artikuliert, die Wellershoff zwischen 1961 und 1964 für die Zeitschrift **Rhinozeros** schrieb. Text und Bild gehen nicht nur eine semantische Verbindung ein, sondern sie sind konzeptionell miteinander verschränkt. Die visuelle und textuelle Ebene wird hier ästhetisch im Bild gebündelt. Es sind Fundstücke der besonderen Art, die faszinierende und erhellende Einblicke in den Schreibprozess gewähren und weitere und unbekannte Facetten im Werk des Autors erkennbar machen.

Die Publikation breitet nahezu alle literarischen wie auch journalistischen Formen des Schreibens vor dem Auge der Leser und Leserinnen aus: neben frühen Glossen, kleineren wissenschaftsjournalistischen Essays, Kommentaren und Rezensionen noch aus der Studienzeit stehen frühe Gedichte, neben einem Entwurf zu einem Filmtreatment, sind schließlich ästhetisch-poetologische Texte neu zu entdecken, die nicht nur Fragen des eigenen künstlerisch-literarischen Selbstverständnisses betreffen, sondern auch grundsätzliche Reflexionen über moderne und postmoderne Kunst formulieren. Dabei kreisen Wellershoffs Gedanken immer wieder um Fragen zum Realismus, eines neuen und anderen als den aus dem 19. Jahrhundert bekannten, aber auch im Unterschied zu seinen sozialistischen Verballhornungen wie den – gerade in der frühen Nachkriegsliteratur – biederen konservativen Neuauflagen. Besonders eindrucksvoll in diesem Zusammenhang ist der kleine Text **Über die Prinzipien des Romanschreibens** von 1960, in dem es bereits einige Jahre bevor Wellershoff seine Thesen über einen neuen Realismus bündig ausdrücken wird, weitsichtig heißt: »Stelle wirkliche Menschen dar, [...]. Niemals moralisieren. Nur das Leiden der Personen selbst. Die Phänomene enthalten alles. [...]. Keine Hilfen für den Leser, ihn nicht bei der Hand nehmen. [...].« Damit sind wir zum Kern von Wellershoffs Kunst- und Literaturverständnis, bei demjenigen, was er verschiedentlich mit dem Begriff der Wahrheit zu fassen suchte, vorgestoßen. Wahr ist die Literatur dann, wenn der Leser »durchgerüttelt« wird, wenn seine »ganze Person« in Bewegung gerät, wobei er durchaus, so Wellershoff im Gespräch mit Michael Fabian 1978, »ruhig einmal untergehen« kann. Die Wahrheit der Literatur, das ist ihre Referenz. Literatur ist gewiss nicht das Leben, sondern vielmehr immer – in den Worten des Soziologen Georg Simmel – ›Mehr-Leben‹ wie ›Mehr-als-Leben‹. Sie ist Lebensdeutung, insofern sie an der Erschließung verborgener Möglichkeiten mitarbeitet. Wellershoff machte dazu 1996 am Ende seiner Frankfurter Poetikvorlesungen, die unter dem Titel **Das Schimmern der Schlangenhaut** erschienen sind, eine – fast möchte man sagen – ermutigende Schlussbemerkung: Es gebe keinen Grund, sich vom Leben »abzuwenden und den Anblick seiner dschungelhaften Dichte, seiner Widersprüche und Unberechenbarkeiten gegen den Schematismus konstruierter Weltmodelle oder die Illusionen künstlicher Paradiese einzutauschen.«

Die Auseinandersetzungen mit den Texten Dieter Wellershoffs bedeuten immer einen hohen Erkenntnisgewinn. Es sind Entdeckungsreisen durch die Vielfalt der literarischen Welt, denn wie kaum ein anderer Gegenwartsautor überrascht uns Dieter Wellershoff immer wieder mit neuen Ausdrucksformen.

Wir gratulieren zum 90. Geburtstag!

Schildern Sie einfach eine Straßenbahn!

Eine Geschichte mit Pointe schreiben ... welcher Zeilengeldverdiener unterzieht sich freiwillig solch fataler Prüfung seines Talents! Pointen sind Sternschnuppen; oft starrt man nächtelang auf ein fernes Gestirn, und es fällt nichts ab, es fällt nichts ein und das ist ein wirtschaftlicher Ausfall. Welcher Zeilengeldverdiener ... Indessen, wer eine Pointe hat, der hat auch eine Geschichte. Sie steckt drin in der Pointe, und man kann sie, wenn man kann, gleichsam aus ihr herausdenken. Wenn man das aber kann, dann kann man die Geschichte erzählen, wenn ... allerdings, wenn man das wiederum kann. Das muß sehr behutsam geschehen. Nichts darf verraten werden, aber Vermutungen müssen wachsen und welken, und plötzlich, Blitzlicht, alles steht in unerwarteter Helligkeit.

Inzwischen sind Geschichten mit Pointe völlig aus der Mode gekommen. Sie waren wegen ihrer kostspieligen und zeitraubenden Anfertigung nicht konkurrenzfähig, als ein neues literarisches Kleinmodell einfachster Machart auf dem Markt erschien, die Geschichte mit Hintergrund. Durch diese wahrhaft soziale Erfindung wurde das schwere Los des literarischen Mittelstandes entscheidend erleichtert. Die enormen Vorzüge einer Geschichte mit Hintergrund sind gar nicht zu verkennen. Sie ist das wahre Ei des Columbus: nicht mehr balancieren, sondern kurzerhand plattdrücken.

Zum Beispiel schildern Sie einfach eine Straßenbahn, darin einige sonderbare Fahrgäste, und von Station zu Station steigt einer aus, und auch die Stationen haben sonderbare Namen, und schließlich ruft der Schaffner mit hohler Stimme »Endstation«, und die Bahn rollt in eine große, dunkle Halle. Schon fertig? Freilich, der Zeilengeldverdiener ist damit bereits fertig.

Aber nun kommt der Leser. Die dichterische Begabung des deutschen Lesers kann man ja gar nicht hoch genug einschätzen. »Bloß eine Straßenbahnfahrt?« wird er sich fragen, »das muß doch noch irgendeinen Hintergrund haben. Mal scharf nachdenken.« Und dann kommt's: Die Straßenbahnfahrt ist das menschliche Leben, die Fahrgäste – das sind die Hoffnungen, von Station zu Station steigen sie aus, die große, dunkle Halle (metaphysischer Schauer) ist das Jenseits. Ach spekulieren, ach, kombinieren, ach deuten und deuteln, welch eine Lust!

In einigen Punkten kommt es dann häufig zum subtilen Streit der Theorien. Die einen behaupten, der Schaffner bedeute das Schicksal, das die Hoffnungen durch Abruf der Stationen zum Aussteigen nötige, wogegen andere ins Feld führen, daß die Unerbittlichkeit des Schicksals adäquater durch den Schienenstrang symbolisiert sei; der Schaffner indessen sei zu menschlich. »Gerade das ist ein feiner Zug!« rufen die Kontrahenten. Man sieht, wie fruchtbar Unklarheiten sind. Machen Sie sich bloß nicht klar, was Sie schreiben, sondern schildern Sie einfach eine Straßenbahn.

Inzwischen meldet sich auch die Literaturkritik und weist unter schlagkräftiger Anwendung des Goethe-Wortes ›Alles Vergängliche ist nur ein Gleichnis‹ daraufhin, daß das Leben keine Pointen, wohl aber Hintergründe hat. Meisterhaft diese Terminologie. Das Sein (wie tief!) ist im Seienden gleich dechiffriert (noch tiefer!), der Dichter formt die chiffrierte Sprache der Transzendenz zum absoluten Bild (am allertiefsten!).

Wie gesagt, schildern Sie einfach eine Straßenbahn ...

›Dies alles gilt nur innerhalb meiner Worte‹
Benn und die Epigonen

Wenn man vor drei Jahren einen Studenten der Germanistik nach Gottfried Benn fragte, geriet der emsig um seine Belesenheit bemühte Literaturjünger in arge Verlegenheit. Ja, er hatte vielleicht den Namen schon einmal gehört, bestenfalls auch einige Gedichte gelesen, meistens aber sah er sich gezwungen, seine völlige Unwissenheit zuzugeben. Diese Lücke im Gewebe der allgemeinen Bildung wurde inzwischen durch ein hypertrophisches Gewächs ausgefüllt. Benn ist in Mode gekommen. Moden lösen einander ab. Noch vor einigen Jahren gab es keine Dichterlesung der Nachwuchstalente, in der es nicht nach allen Regeln der Künstlichkeit ›rilkte‹. Das hat so still und unvermittelt aufgehört, daß es eigentlich niemand recht bemerkt hat. Leise weinend schlich sich ein ästhetisches Ideal davon oder, noch angemessener ausgedrückt, die Pseudo-Rilke-Lyrik ist verduftet.

Wer heute als Literaturbeflissener etwas auf sich hält, redet, schreibt, orakelt über Gottfried Benn. Im gleichen Augenblick, da man sich wieder auf dem Laufenden wußte, hat man seine alte Geläufigkeit zurückgewonnen. Man hat sich Benns Formeln und Prägungen angewöhnt, die tragenden Substantive seiner Sprache sind in die allgemeine Terminologie aufgenommen; der Assimilationsvorgang ist vollzogen. Dabei scheinen im Gegensatz zur Lyrik Rilkes die Gedichte Benns für Nachahmer ein schwer zugängliches Terrain zu sein. Der besondere Tummelplatz der neuen Manie ist nicht das Epigonengedicht, sondern der anspruchsvolle Aufsatz; womit natürlich nicht die wenigen guten Darstellungen gemeint sind, die wir Leuten wie Max Rychner und Max Bense verdanken.

Wie sieht solch ein typischer Benn-Artikel aus? Er ist garniert mit zahllosen Zitaten, mit halben Sätzen, die nach dem

Gesichtspunkt der größtmöglichen Schockwirkung zusammengesucht sind. Nebenbei haben diese Bruchstücke die Aufgabe, die verschiedenen Themenkreise Benns zu belegen, aber, wie gesagt, nebenbei. Sachliche Zusammenhänge gibt es nicht, sie werden durch Assoziationen ersetzt. Mit Laufmaschengeschwindigkeit schwirren sie los. Die Interpretationen der Verfasser sind nicht nur den Lesern unverständlich. Es geht ja auch nicht um die Sache, sondern um die Mache. Bildungsdeutsch und Philosophatsch vermählen sich im Dämmerlicht der Unklarheiten. So zum Beispiel äußert sich jemand über die Sprache Benns: »Weil das Bild ganz versank, wird sie ganz bildhaft, und kein Schleier erinnernden Gefühls webt vor der Präsenz der Dinge, die sie aufgreift. Aus ihnen bastelt sie die Gedichte als Pfänder, von denen sie weiß, daß sie nicht einzulösen sind.« Der Mann schreibt, wie ihm der Schnabel verwachsen ist, der deutsche Tiefsinn erreicht hier sein Niveau.

Wenn man sich kritisch mit solchen Benn-Verklärern und -Verunklärern auseinandersetzt, wird man mit Zitaten beworfen. Sie haben das Werk des Dichters zur Bibel ihres eigenen Snobismus degradiert. Erfahrungen sammeln, systematisieren sei subalternste Gehirntätigkeit, kausales Denken sei längst Abspülwasser, heute gälte es, das Nebeneinander der Dinge zu ertragen, und überhaupt, nichts gälte der Inhalt, alles der Ausdruck, es käme darauf an, zu faszinieren, und der moderne Stil sei eine Artistik der Montage, das alles haben sie mit der Gelehrigkeit flinker Äffchen aufgegriffen und abgegriffen. Offenbar tritt man nicht ungefährdet ins Kraftfeld einer Erscheinung wie Benn. Ansaugend und abstoßend wirkt diese Kraft. Man ist bedroht, seine Selbständigkeit zu verlieren, man verfällt ihr und wird doch ferngehalten. Einsame Gipfelpunkte bieten keine Anknüpfungsmöglichkeiten, Fortsetzung bedeutet Absturz. Benns Stil, der bis zu seinen letzten inneren Konsequenzen vorgetrieben ist, muß schon beim ersten Nachfolger zur Manier werden, seine Haltung, die aus ganz persönlichen Voraussetzungen und Entwicklungsprozessen hervorwuchs, wird beim Nachahmer zur Pose. Benn verträgt keine Verallgemeinerungen. Er selbst hat davor gewarnt: »Dies alles gilt nur innerhalb meiner Worte«. Mit diesem Satz schlägt er einen Bannkreis um sein Werk.

Die Benn-Manie ist freilich nur eine äußerliche und unbedeutende Begleiterscheinung jenes tiefergreifenden Prozesses, den man den Eintritt Benns in das Bewußtsein der Zeit nennen könnte. Der Limes-Verlag veranstaltete im vergangenen Jahr ein interessantes Experiment. Er bat eine Reihe von Personen, denen man durchaus ein kritisches Urteil zusprechen darf, nach eigener Neigung die zehn schönsten deutschen Gedichte der letzten fünfzig Jahre anzugeben. Bei dieser Rundfrage fielen die meisten Nennungen auf Benn.

Die Frage nach der Bedeutung Benns drängt sich unmittelbar auf. Von ihr muß die Vorfrage nach seiner Weltanschauung abgespalten werden. Gerade seine extremen Thesen, seine radikalen Urteile, seine unbedingten Bekenntnisse haben in den Köpfen der Benn-Monomanen arge Verwirrung gestiftet. Hier glaubten sie die gültige Antwort auf das Rätsel des In-der-Welt-Seins gefunden zu haben. Indessen, der Weltanschauung Benns kommt wie jeder anderen Weltanschauung keine Allgemeingültigkeit zu. Seine Verachtung der Geschichte und der Gesellschaft, seine Absage ans Handeln, sein Begriff des Doppellebens und sein Bekenntnis zur künstlerischen Form sind Antworten eines ganz bestimmten Menschentyps, einer ganz bestimmten psychischen Lage, ja es sind eigentlich nur seine ganz eigenen Antworten, mit denen er der fordernden Wirklichkeit begegnet. Aber deshalb ist es auch unangebracht, Benns Position vom Außerhalb eines religiösen, moralischen oder politischen Standpunktes anzugreifen. Weltanschauungen sind nicht diskutabel.

Sie haben sich im Einzelfall zu bewähren. Der einzige Gesichtspunkt, unter dem sie gewertet werden können, ist der der Fruchtbarkeit.

Auf die Frage nach der Bedeutung Benns kann sich nur bei immanenter Beurteilung eine angemessene Antwort finden lassen. Benn ist Dichter und muß als Dichter (nicht etwa als Kulturphilosoph) gewertet werden. Und da läßt sich sogleich bedenkenlos sagen, daß in den letzten 25 Jahren in deutscher Sprache nichts geschrieben wurde, was sich mit der Ausdruckskraft seiner Lyrik messen kann. Zudem schuf er einen ganz neuen Typ des Essays. Anstatt nach klassischer Methode einen Gedankengang in logischer Entwicklung bis zur Schlußfolgerung abzuspulen, setzt er unvermittelt einzelne Gedankenblöcke nebeneinander, stets wechselnde Perspektiven, die den Gegenstand immer wieder neu erfassen. Was dabei an geistiger Eleganz verlorengehen mag, wird ersetzt durch die neuartige Intensität des unmittelbaren Zugriffs.

Die neuen Ausdrucksmöglichkeiten der Sprache, die die deutsche Dichtung in der ersten Hälfte unseres Jahrhunderts erobert, teilweise auch nur ertastet hat, scheinen im Sprachstil Benns ihre Erfüllung zu finden. Nur andeutungsweise kann er hier beschrieben werden. Seine heftige, oft sprunghafte Bewegtheit erhält er durch die assoziative Gedankenentwicklung. Die Assoziationen schwemmen eine ungeheure Realitätsfülle an, die durch summarische Überblicke, kühne Montagen und plötzliche Anspielungen subjektiv geordnet wird. Oft werden weite Allgemeinbegriffe in eine Fülle einzelner Erscheinungen zersplittert, das Allgemeine durch besondere Merkmale vertreten und durch die Auswahl dieser Merkmale gedeutet. Skizzenhaft ist die Formulierung –, nicht nur durch die Treffsicherheit, nicht nur durch die Kunst des Auslassens, sondern vor allem auch durch die unvergleichliche Zusammenballung von Bedeutungsfülle im einzelnen Wort. Es ist ein Stil der Beschwörung und der Bezauberung, ein Stil, dem die Wirklichkeit nur noch Rohstoff für künstlerische Prozesse ist. Allerdings, es ist auch ein Stil der Grenze. In unmittelbarer Nachfolge scheint nur Manierismus möglich. Wie groß jedenfalls diese Gefahr ist, zeigt die Tatsache, daß Benn gelegentlich selbst ins Gekräusel seines eigenen Kielwassers gerät. Die schöpferische, zukunftsträchtige Auseinandersetzung mit Benn erfordert einen neuen Herkules, der im Stande ist, einen Löwen zu bändigen.

Meditationen eines Langschläfers
Versuch einer Rechtfertigung

Die Volksmeinung ist gegen Langschläfer. ›Morgenstund' hat Gold im Mund‹ wurde mir großmütterlicherseits schon in einem Alter verkündet, in dem ich mir durchaus nichts darunter vorstellen konnte. (In welchem Mund, Großmutter?) Aber daß am Abend der Faule fleißig wird und demnach der am Abend Fleißige schlechthin faul ist, davon wurde meine betroffene Knabenseele jahrelang, ehrlich, wenn auch vergeblich erschüttert.

Seitdem ist der Langschläfer und seine Stellung in der Gesellschaft für mich zum Problem geworden. Man kommt solchen Fragen nach Auffassung der Statistiker nur durch Statistik bei. Da hat das Bielefelder Institut für Markt- und Meinungsforschung festgestellt, daß rund 56 Prozent aller Deutschen zwischen vier und sechs Uhr morgens aufstehen. Ihnen folgen die Sieben-Uhr-Aufsteher mit 32 Prozent. Die restlichen 12 Prozent schieben gegen acht Uhr morgens oder noch später die Bettdecke beiseite. Unter ihnen aber befindet sich die winzige Minderheit der echten, der exemplarischen Langschläfer;

schätzungsweise kaum zwei Prozent. Und nun stelle man sich das einmal vor: während 98 Menschen seit einer oder meistens sogar seit vielen Stunden an der Arbeit sind, liegen zwei unverschämte Ignoranten, wenn schon nicht mit Seelen-, so doch jedenfalls mit Leibesruhe im Bett. Das ist doch platterdings asozial! Aber bitte, die beiden sind ja auch viel später schlafen gegangen; das ist dann doch ... Nein, kein Widerspruch, das ist dann eben unsolide! Asozial und unsolide, und ich füge hinzu: dekadent! Ein Langschläfer könnte zur grundsätzlichen Verteidigung folgendes erwidern: Im Namen der Langschläfer lege ich gegen diesen Namen Protest ein. Da wir gar nicht länger, sondern lediglich während einer anderen Zeitspanne schlafen, als die uns verurteilende Mehrheit, haben wir rechtlichen Anspruch auf den Titel *Spätschläfer,* woraus folgt, daß die anderen als *Frühschläfer* zu bezeichnen sind.

Aber selbst nach ausgiebigem Alkoholfrühstück wird ein Langschläfer nicht mit solchem Ketzerfreimut zu sprechen wagen. Denn das ist das Eigenartige: im Grund billigt er die Vorurteile der anderen; er erlebt seinen Morgenschlaf als Laster und deshalb wirkt sein Hinweis, daß er ja erst spät in der Nacht schlafen gegangen sei, immer wie eine matte Entschuldigung. Wird er von einem rüstigen Frühaufsteher im Bett überrascht, dann liegt er da wie der Leichnam seines besseren Ichs, eine Gestalt von überwältigender Trostlosigkeit.

In der Zeit, da ich Nacht für Nacht über einer wissenschaftlichen Arbeit saß, hatte ich solch ein fatales Erlebnis. Eines Morgens nämlich klopfte der Geldbriefträger an meine Tür und war auch schon mit Eilbotenschritt ins Zimmer getreten. Und da stand er und starrte in mein Bett, als hätte er unverhofft eine höchst peinliche Entdeckung gemacht. Man bedenke, ein Postbeamter, die treppensteigende Pünktlichkeit, dazu sorgenumwölkter Familienvater, und nun muß er einem jungen Mann am späten Vormittag einen Geldschein ans Bett servieren! »Sie müssen entschuldigen«, stammelte ich, »gestern nacht bin ich sehr spät ins Bett gekommen.« Das schien ihn außerordentlich zu erleichtern. »Nun ja«, meinte er, »das kommt vor. Ich bin ja auch einmal jung gewesen.« Also das verstand er. Eine verbummelte Nacht mit anschließendem Katermorgen, das war ja nur die Ausnahme von der Regel. Ungewollt war ich durch das kleine Toleranzloch in der Moral der Frühaufsteher entkommen.

Unverstanden und verfemt durchlebt der Langschläfer nach dem Erwachen eine langanhaltende Phase der Depression. Wenn er aber aufsteht, dann geschieht das mit den zähflüssigen Bewegungen eines Menschen, der Zeit hat, weil er hinter der Zeit zurückgeblieben ist; er hat den Anfang verpaßt und nun weiß er nichts mehr anzufangen. Dann das Mittagessen; der Langschläfer hat natürlich keinen Appetit und nun erscheint ihm das herzhafte Essen der Frühaufsteher wie eine ungeheuerliche Demonstration ihrer vitalen Überlegenheit. Der Nachmittag ist der uncharakteristische Abschnitt im Tag des Langschläfers. Er tut dann, wie man so sagt, dies und jenes; aber leider liegen hierüber keine statistischen Untersuchungen vor. Fest steht nur, daß er auch jetzt das Gefühl sozialer Minderwertigkeit nicht verliert. Immer noch ist er der Tagedieb, der sich seinen eigenen Tag gestohlen hat.

Ganz gewöhnliche Tätigkeiten erhalten tief in der Nacht wie von selbst den Nimbus einer bedeutsamen Handlung. Bis elf Uhr abends zu lesen, das ist eine häusliche Feierabendbeschäftigung, aber wenn man um drei Uhr nachts noch über lampenbeschienenem Buche sitzt, dann ist das schon dämonische Besessenheit oder klausnerische Versenkung. Es gibt viele Leute, die sich diese Erfahrung zunutze machen und grundsätzlich die Briefe, die sie während der Bürostunden an ihre Braut schreiben, mit dem Vermerk ›Drei Uhr nachts‹ versehen. Gegen Ende findet sich dann meistens der Satz: ›Geliebte, schon

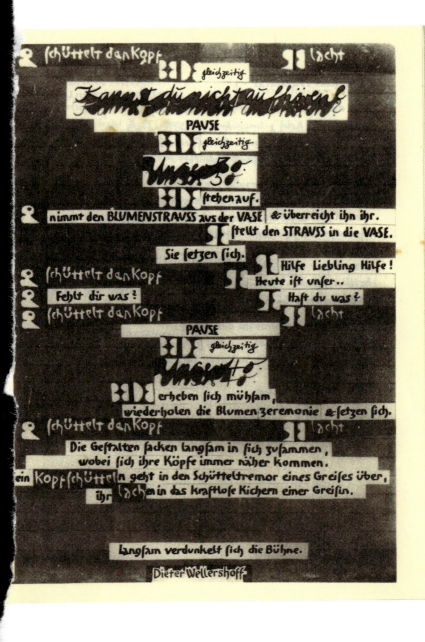

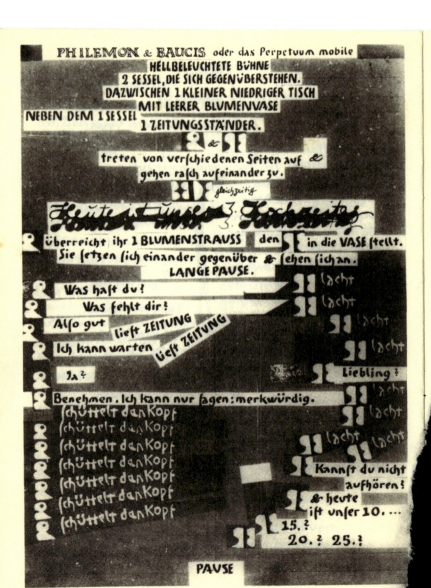

dämmert der Morgen herauf, der Schein meiner Lampe bleicht, und ich muß schließen. Gute Nacht oder guten Morgen, Dein ...‹
Es ist unglaublich, welche Poesie die Menschen aus der Uhrzeigerstellung zu entwickeln vermögen.
Dem wirklichen Langschläfer aber wird der auf den Morgen vorrückende Uhrzeiger zu einer unheimlichen Drohung. Noch ist er ein König, nach dem Erwachen wird er wieder ein Paria sein. Deshalb ist der Schlaf für ihn immer ein Ende, ein Sichfallenlassen ins Nichts mit geschlossenen Augen.

Die Eroberung der Arbeit

Das Gesicht der Erde hat sich in den letzten hundert Jahren auf eine nahezu phantastisch anmutende Weise verwandelt, gewandelt hat sich indessen auch die Einstellung des Menschen zur Technik, die zugleich Instrument und Erscheinungsform dieser Verwandlung ist. Während das 19. Jahrhundert aus der fortschreitenden Entwicklung der Technik noch einen allgemeinen Fortschrittsoptimismus abzuleiten vermochte, glaubt unsere Zeit in dieser sich ständig beschleunigenden Bewegung eine akute Bedrohung des Menschen zu erkennen.
Dabei hat sich am Werkzeugcharakter der Technik nichts geändert. Zwei Weltkriege haben lediglich mit spürbarer Drastik die Doppeldeutigkeit des Instruments veranschaulicht, seine moralische Neutralität, die es zu konstruktiver wie zu destruktiver Anwendung gleich dienlich sein läßt. Heute bedeutet das die Möglichkeit einer technischen Apokalypse, an sich aber ist das Problem so alt wie der erste Steinkeil.
Spezifisch modern ist eine weniger auffällige, aber deshalb nicht harmlosere Gefahr, die von den kritischen Beurteilern der Technik als fortschreitende Entseelung des Lebens beschrieben

wird. Sie befürchten, daß die Menschen durch den alltäglichen Umgang mit der Technik, durch das Leben in einer technisierten Welt so grundlegend verwandelt werden, daß sie in nicht allzuferner Zukunft gar nicht mehr als Menschen anzusprechen seien. Utopische Romane ergehen sich in Schilderungen eines zukünftigen Termitendaseins oder einer seelenlosen Roboterwelt. Gibt es zwingende Gründe für diese Annahme? Ist diese Entwicklung unabwendbar? Hat diese Zukunft schon begonnen?

Das eigentliche Maschinenzeitalter ist kaum mehr als 100 Jahre alt. Erst um die Mitte des vorigen Jahrhunderts waren Antriebs- und Arbeitsmaschinen so weit entwickelt, daß die Fabrik zur Hauptstätte der Güterproduktion werden konnte. Sehr bald folgten dann auch die Technisierung des Verkehrs durch Eisenbahn und Dampfschiff und die Erschließung neuer anorganischer Energien durch Elektrizitätswerke und Verbrennungsmotoren.

Die geistigen und soziologischen Grundlagen unserer technischen Arbeitswelt entwickelten sich indessen schon lange vorher. Man kann zurückgehen bis zum Zerfall der ständischen Gesellschaft des Mittelalters und der Auflösung der Zünfte. Damals entstanden die absolutistischen Großstaaten, die das mittelalterliche Lehenswesen durch eine zentralisierte Verwaltung und ein bezahltes Berufsbeamtentum ersetzten. Diese Entwicklung drängte gleichzeitig auf Umbildung der mittelalterlichen Stadtwirtschaft zu großen einheitlichen Wirtschaftsgebieten. Der Ausbau von Heer, Verwaltung, Steuersystem und Staatskredit machte eine Umstellung von Naturalwirtschaft auf Geldwirtschaft notwendig. Zugleich förderte man das aufkommende Großgewerbe, erschloß neue Handelswege und steigerte den Export. Es ist das Zeitalter der großen Entdeckungsfahrten und der beginnenden Kolonisation. Als ein wichtiges Ingredienz des merkantilischen Denkens kann das calvinistisch-puritanische Arbeitsertrags-und Erfolgsethos gelten. Es trug dazu bei, daß man den Standpunkt der Bedarfsdeckung verließ, die Arbeit wurde zur Erwerbstätigkeit. Das 18. Jahrhundert brachte dann mit dem optimistischen Vernunftglauben der Aufklärung die Autonomieerklärung des Menschen. Die Naturrechtstheorien der Zeit setzten eine individualistische Auffassung der menschlichen Gesellschaft durch. Schließlich trat in der Französischen Revolution zum ersten Male in der Geschichte des Abendlandes die Masse Mensch in Erscheinung. Ungeheuren Auftrieb erhielt der allgemeine Fortschrittsoptimismus durch die Entwicklung der Naturwissenschaften. Seit Newton die Gesetze der Mechanik entdeckt hatte, war man erfüllt von der Zuversicht, daß man alle Rätsel der *Weltenuhr* lösen werde. Das Maschinenzeitalter kündigte sich an in der Vision einer großen vernünftigen Weltmaschine. Darwins Lehre einer Höherentwicklung des Lebens vom Einzeller bis zum vernunftbegabten Menschen ließ auch den Fortschritt als ein Thema der Natur erscheinen. Daß er diesen Vorgang mit einem ständigen Kampf ums Dasein und einer natürlichen Auslese erklärte, mutet wie eine Parallele zur zeitgenössischen Wirtschaftstheorie des Liberalismus an, für den der freie Wettbewerb das schöpferische Prinzip und der Eigennutz die treibende Kraft des wirtschaftlichen Lebens ist. Der Liberalismus als eine Kaufmannsökonomie blickte gebannt auf das Marktgeschehen und verlor das Verhältnis zur Erzeugungsseite der Wirtschaft. In seinem System wurde der Mensch zu einer abstrakten Rechnungsgröße, zur bloßen Arbeitskraft, die Arbeit wurde zu einem Bestandteil des Warenpreises. Es ist bezeichnend, daß dem Marxismus, der um die Mitte des 19. Jahrhunderts als der große Gegner des liberalen Kapitalismus auftrat, ein ebenso einseitig ökonomisch bestimmtes Menschenbild zugrundeliegt. Für eine Betrachtung, die nach dem ganzen Menschen fragt, rücken deshalb die gegnerischen Anschauungen merkwürdig zusammen; was sie trennt, ist, zugespitzt formuliert, ein Problem der Güterverteilung.

Rationalismus, Wissenschaftsgläubigkeit, optimistische Erwartung eines unbegrenzten Fortschritts und eine materialistische Auffassung vom Menschen und seiner Arbeit, das sind die Vorzeichen, unter denen das technische Zeitalter begann und unter denen es zu einer gefährlichen Bedrohung des Menschen werden mußte.

Die schon im Großgewerbe praktizierte Arbeitsteilung war die Voraussetzung für die Einschaltung der Maschine in den Arbeitsprozeß. Es galt als Grundsatz, daß eine Maschine umso wirtschaftlicher arbeite, je einfacher die zu verrichtende Teilleistung sei und je öfter sie sich wiederhole. Die Zerlegung des Produktionsvorganges in möglichst simple Einzelfunktionen ließ die Arbeit immer unintelligenter werden. Es bildete sich der Stand der ungelernten Lohnarbeiter, die tagaus tagein eine gleichgültige Repetitivarbeit ausführten und nach Stückleistung bezahlt wurden. Der Mensch wurde zu einem Anhängsel der Maschine, deren Takt und Tempo er sich anzupassen hatte. Bei der noch sehr unvollkommenen Maschinentechnik der ersten Jahrzehnte wurde die Arbeit dadurch häufig zu einem zermürbenden Frondienst.

Die Folgezeit muß, wenn man sie unter dem Gesichtspunkt der Zweckmäßigkeit und Produktivität betrachtet, als eine ständige Aufwärtsbewegung erscheinen. Zu Beginn unseres Jahrhunderts entwickelte Taylor ein wissenschaftliches System der Betriebsführung. Er ging zunächst daran, den industriellen Betrieb nach dem Grundsatz der Arbeitsteilung straff zu organisieren. Zugleich steigerte er in jahrelangen Versuchen den Wirkungsgrad der technischen Einrichtung. Die bedeutsamste Neuerung war indessen, daß Taylor den physikalischen Begriff des Wirkungsgrades auch auf den Menschen anwandte. Mit Stoppuhr und Zeitlupenaufnahme wurden die Bewegungen des Arbeiters genau aufgenommen, so daß man schließlich nach zahlreichen Vergleichen den rationellsten Arbeitsgang in einer Dienstvorschrift festlegen konnte. Solche Bewegungs- und Zeitstudien ermöglichten ganz überraschende Leistungssteigerungen. Bei den Kugelprüferinnen in einer Fahrradfabrik konnte beispielsweise erreicht werden, daß das Arbeitspensum von 120 Mädchen fortan von 35 Mädchen erledigt wurde, wobei sich außerdem der Genauigkeitsgrad der Arbeit um ⅔ erhöhte. Die wissenschaftliche Analyse des arbeitenden Menschen ging indessen noch viel weiter. Messungen des Sauerstoffverbrauchs und Vergleiche mit der von einem Schwerarbeiter täglich geleisteten Arbeit führten zu der Feststellung, daß der Mensch als Wärmemaschine einen Wirkungsgrad von 17 % erreicht, womit er die Dampfmaschine übertrifft, aber hinter Benzin- und Dieselmotor zurückbleibt. Diese Untersuchungen hatten den Zweck, bestimmte Leistungsnormen aufzustellen, ohne die eine moderne Arbeitsplanung nicht auskommen kann. Aber auch Stachanow und die sowjetischen Methoden der Sollerhöhung sind eine Konsequenz der Gedanken Taylors.

Ein weiterer Schritt in der Rationalisierung der Arbeit war die Entwicklung des Fließbandverfahrens durch Henry Ford. Angeregt durch die Arbeitsmethoden der Chikagoer Großschlächtereien startete er 1913 die ersten Versuche mit einer Montagebahn. Es war festgestellt worden, daß bei der Montage einer Kolbenstange nahezu die Hälfte der Zeit durch Hin- und Hergehen der Arbeiter verging. Fords Gedanke war es: »Die Arbeit zu den Arbeitern hinzuschaffen statt umgekehrt«. Diese Umstellung führte zu einer ganz unerwarteten Steigerung der Produktivität. Während früher 28 Mann in neunstündiger Arbeitszeit 175 Kolbenstangen montierten, brachten nach dem sorgfältig entwickelten neuen Verfahren 7 Mann in achtstündiger Arbeitszeit 2600 Stück heraus. Nach solchen Erfahrungen ging Ford daran, seinen ganzen Betrieb neu zu organisieren. Er stellte die gesamte Montage und schließlich auch die Fertigung der Einzelteile auf das Fließbandverfahren um. Das hatte nicht nur den Vorzug einer erheblichen Leistungssteigerung oder Kostensenkung, es vereinfachte auch die Lohnverrechnung. Da das Fließband das Arbeitstempo bestimmte, wurde es überflüssig, individuelle Akkordlöhne zu zahlen. Die Arbeit selbst wurde indessen durch dieses Verfahren immer stumpfsinniger. Dem einzelnen Mann wurde nur noch eine Funktion zugeteilt, die er ohne seinen Platz zu verlassen, ausüben konnte und das war in vielen Fällen nicht mehr als ein sich ständig wiederholender Handgriff. Anfang der 20er Jahre erforderten 43% aller in den Fordfabriken anfallenden Beschäftigungsarten nicht mehr als einen Tag Lehrzeit. Ford konnte sich also seine Arbeiter direkt von der Straße holen; »ob jemand von **Harvard** oder **Sing-Sing** kommt«, sagte er, »gilt uns gleich«. Allerdings zahlte er höhere Löhne als sie sonst in der Industrie üblich waren. Er tat dies, weil er den ›Terror der Maschine‹ für unabänderlich hielt und weil er dem Menschen für seine Entwürdigung einen Entgelt geben wollte.

Werner Sombart hat die Entwicklung der industriellen Produktionsweise als zunehmende ›Vergeistigung‹ der Arbeit charakterisiert. Dieser Ausdruck ist vielleicht mißverständlich; man ersetzt ihn besser durch das Fremdwort ›Rationalisierung‹. Auf den Menschen bezogen aber muß von einem Prozeß der Entseelung gesprochen werden.

In der urtümlichsten Arbeitssituation stellt der Mensch einen Gegenstand her, den er selbst zu gebrauchen gedenkt. Es ist die Waffe, mit der er auf die Jagd gehen, der Krug, mit dem er Wasser schöpfen wird. Der Gegenstand bedeutet ihm etwas und deshalb ist er an seiner Arbeit seelisch beteiligt. Komplizierter ist das Verhältnis beim Handwerker, der sein Produkt verkaufen oder gegen eine andere Ware eintauschen will. Der Gegenstand gehört nicht mehr unmittelbar zu ihm, er ist für einen anderen bestimmt. Dennoch erscheint ihm seine Arbeit unmittelbar sinnvoll, da er den Gegenstand bis zu seiner endgültigen Gestalt vollendet. Dabei kann er im Genuß seiner eigenen Kunstfertigkeit tiefe Befriedigung finden.

Dem modernen Industriearbeiter, der mit irgendeiner sich stereotyp wiederholenden Teilvorrichtung beschäftigt ist, fehlt jede Möglichkeit seelischer Anteilnahme. Die Arbeit wird vielmehr als eine Fron empfunden, für die man entschädigt werden muß. Lohnkämpfe entstammen deshalb nicht nur wirtschaftlichen Bedürfnissen, sondern sind zugleich der Ausdruck eines verstellten Freiheitswunsches. Symptomatisch für diese Situation ist die genaue Unterscheidung von Arbeitszeit und Freizeit. Der moderne Mensch erkennt damit eine Spaltung seines Lebens an, die den Charakter einer teilweisen Kapitulation hat. Da die Arbeit keine Befriedigung zu geben vermag, verlagert man die Erfüllung der Lebenswünsche in den scharf umgrenzten Restbezirk der Freizeit. Es läßt sich beobachten, daß die rhythmische Folge von Werktagen und (kultischen) Festen immer mehr von der starren Einteilung Arbeitszeit-Freizeit überdeckt wird; denn einerseits muß der Mechanismus unserer Arbeitswelt ununterbrochen in Gang gehalten werden und andererseits erzeugt das chronische Unbehagen der arbeitenden Massen einen ständig angespannten Trieb nach Vergnügung und Zerstreuung, der wiederum nur durch eine dauernd arbeitende Spezialindustrie befriedigt werden kann.

Der kurze, rasche Zweitakt, in den das menschliche Leben immer mehr hineinzugeraten droht, zeigt trotz seiner antithetischen Anlage eine merkwürdig gleichförmige Grundbeschaffenheit. Arbeitszeit und Freizeit offenbaren je auf ihre Weise eine fortschreitende seelische Verödung. Wenn der

Mensch täglich zu einer Arbeit gezwungen ist, die ihm fast jede Initiativhandlung erspart und jede individuelle Beteiligung unmöglich macht, wird das eintreten, was Klages als Verfall der Gestaltungskraft beschrieben hat. Man kann feststellen, daß die menschliche Arbeit immer mehr das Element des Künstlerischen verliert, das wir an den handwerklichen Erzeugnissen früherer Epochen in unseren Museen bewundern. Der Verfall der Gestaltungskraft beschränkt sich indessen nicht nur auf den Bereich der Arbeit, sondern tritt erschreckend in Erscheinung als generelle Unfähigkeit zur Gestaltung des eigenen Lebens. So kommt es zu jener gefährlichen Situation, in der einem Maximum an materieller Macht ein Minimum an seelischer Potenz gegenüber steht.

Entpersönlichung des Menschen – im Bereich der industriellen Produktion erkennbar als weitgehende Auswechselbarkeit des Einzelnen – und Nivellierung des Lebens – im Arbeitsprozeß greifbar als zunehmende Normierung – sind die Wesensmerkmale einer amorphen Massengesellschaft, die fast notwendig nach einem anonymen Herrschaftsapparat, nach einer Diktatur verlangt.

In dem einseitig ökonomischen Aspekt, unter dem sich das Maschinenzeitalter entwickelte, liegt es begründet, daß man die Erlösung des Menschen im wesentlichen durch Erhöhung der Löhne und Verkürzung der Arbeitszeit zu erreichen suchte. Auch der Marxismus mit seiner Mehrwerttheorie beschränkt sich auf die Forderung, daß der Anteil des Arbeiters am Arbeitsertrag erhöht werden müsse. Man verkannte dabei, daß das eigentliche Problem die Dequalifizierung des Menschen durch die Arbeit ist, und das ist nicht nur eine ökonomische, nicht nur eine soziale, sondern eine den ganzen Menschen betreffende Frage.

Romantische Bestrebungen zur Umkehr sind mehr oder minder im Wort steckengeblieben. Als völlig unwirksam erwiesen

sich vor allem jene Aufrufe, die die Technik als das schlechthin böse Prinzip unseres Zeitalters bezeichneten. Sie gingen dabei von der Überzeugung aus, daß die Entwicklung der Technik notwendig eine fortschreitende Dequalifizierung des Menschen bewirken müsse, nichtbemerkend, daß etwa seit Ende der 20er Jahre ein entgegengesetzter Vorgang eingesetzt hat.
Die Konstrukteure waren dazu übergegangen, automatische Mehrzweckmaschinen zu entwickeln, die in vielen Fällen leistungsfähiger sind als ganze Maschinenreihen des alten

arbeitsteiligen Betriebssystems. Henry Ford begann als einer der ersten Industriellen, die weitgehend unterteilten Arbeitsgänge wieder zusammenzufassen.

Mit dem Vordringen der komplexen Arbeitsmaschine tritt allmählich der Typ des Handlangers und bloßen Maschinenfütterers zurück. Die Repetitivarbeiten werden immer mehr dem Instrumentalsystem übertragen. Bedienung, Wartung und Reparatur der technischen Einrichtung erfordern dagegen den hochqualifizierten Facharbeiter. Ein einziger Mann kann dem Betrieb ungeheure Summen ersparen, wenn die ihm anvertraute Maschine unter seiner sachverständigen Hand ein oder zwei Jahre länger arbeitet als vorgesehen. Außerdem sind viele Produktionszweige, wie die Automobil- und Radioindustrie, heute gezwungen, jedes Jahr neue Modelle auf den Markt zu bringen. Sie können diese dauernden Umstellungen nur bewältigen, wenn sie über ein wendiges, zur Mitarbeit fähiges Personal verfügen. In anderen Industrien, wie in den Werken der Kohlenhydrierung, der Stromerzeugung und in den modernen Atomwerken, hat sich der Typus der menschenleeren, vollautomatischen Fabrik entwickelt. Hier sind wenige Menschen Herrscher über gewaltige chemisch-physikalische Prozesse.

Die Hebung des Arbeitsniveaus und der Verantwortung lassen den Menschen wieder ein positiveres Verhältnis zu seiner Arbeit finden; er hat neue Möglichkeiten, sich selbst in seiner Arbeit als bedeutungsvoll zu erleben. Begleitet wurde diese Entwicklung von Bemühungen um eine demokratische Betriebsverfassung und von der Entdeckung der Team-Arbeit. Daß auch diese Bestrebungen zu einer sichtbaren Steigerung der Produktivität führten, läßt vermuten, die künftige Weiterentwicklung der Industrie sei abhängig von einer bewußten Wiederentdeckung des Menschen.

Was ist Finismus?

»Diese Blätter erweisen sich für den Gutwilligen von Mal zu Mal mehr als eine Manifestation des letzten Menschen.« Das behauptet Werner Riegel in Heft 7 der Zeitschrift **Zwischen den Kriegen**, die von ihm in Hamburg herausgegeben wird. Riegel und seine Mitarbeiter glauben das in allem Ernst, in jenem bitteren Ernst, der nahe an grimmiger Heiterkeit ist. So schlagen sie auf der Rückseite des Heftes den Ton eines Marktschreiers an, Ausverkaufsjargon, in dem der Gedanke vom Ende des abendländischen Menschen parodistisch wiederkehrt: »WIR BIETEN: Monatlich eine ORIGINALGRAPHIK, monatlich 15 Seiten FINISTISCHE LYRIK, Gedichte von Leslie Meier, Peter Rühmkorf, Conrad Kefer u. a., die neue ERZÄHLUNG für Pornosophen und solche die es werden wollen, den BLICK DURCH DAS FINISCOP, mit den Augen der finistischen Publizisten betrachten Sie das Ende der abendländischen Welt, und die METAMORPHOSE DES MITMENSCHEN in Fortsetzungen. Versäumen Sie nicht diese Zeitschriften zu lesen!« Es gibt heute keine zweite Zeitschrift, die so unfreundlich mit dem Zeitgenossen umgeht, keine, die mit so hitzigem Temperament geschrieben ist. Man merkt dieser ›Manifestation des letzten Menschen‹ jugendliche Begeisterung an; sie schmeckt wie Galle, aber sie schäumt wie Most.

Sammlung der Abgedrängten

Als ich Riegel in Hamburg in der Haynstraße 7 aufsuchte, war ich sicher, einen Verwirrten oder einen Snob zu treffen. Ich fand einen bedächtigen jungen Mann, der zusammen mit seiner Frau und einem kleinen Kind in einem Zimmer wohnt – durchaus kein Bohème-Milieu, sondern eher eine Studierstube mit einem Anflug familiärer Behaglichkeit. Ich

interessierte mich für seine Bücher und bekam eine Reihe seltener Erstausgaben gezeigt, die frühen Gedichte der Expressionisten, Dinge, nach denen man die meisten Studenten der Germanistik vergeblich fragen würde.
Riegel hatte 1942 als 17jähriger Gymnasiast den Expressionismus entdeckt. Für sich allein hatte er ihn gefunden, verbotene Literatur, berauschend und unvergleichlich großartiger als das lizensierte Schrifttum der geistfeindlichen Epoche. Daß er den Geist, der ihn begeisterte, in der Verbannung fand, mag für ihn mehr und mehr zu einer typischen Situation geworden sein. Als er später als Infanterist an die Front marschiert, hat er in seinem Gepäck wieder ein verbotenes Buch: Erich Maria Remarques **Im Westen nichts Neues**.
Nach dem Krieg weiß er als Danziger nicht wo er hin soll. Er arbeitet in Braunschweig beim Aufbau von Flüchtlingsbaracken, dann in Ostberlin bei einer Demontagefirma. Vergeblich versucht er seine literarischen Arbeiten zu veröffentlichen. Grund der Ablehnung: zu destruktiv, zu nihilistisch. 1947 findet er in Hamburg für zwei Jahre eine Stellung als Nachtwächter, dann ist er ein knappes Jahr arbeitslos, schließlich wird er Kontorbote bei einer Importfirma. Auch in Hamburg hat er keinen literarischen Erfolg. Grund der Ablehnung: zu destruktiv, zu nihilistisch.
Im November 1952 tritt er zusammen mit seinem Freund Thomsen an Rühmkorf und Doletzki heran, die gerade in Werner Finks **Mausefalle** mit einem Kabarettprogramm durchgefallen waren: zu destruktiv, zu nihilistisch. Man plant, eine eigene literarisch-pazifistische Zeitschrift herauszugeben. Das ist eine Möglichkeit, sich unverfälscht zu äußern, energisch gegen das Gefälle der Zeit zu waten. Für die gemeinsamen Überzeugungen findet sich bald ein Name: **Finismus** – eine düstere Glaubensformel, Schlußstrich unter die Geschichte des Abendlandes.

Seit Dezember 1952 erscheinen die Hefte jeden Monat, vervielfältigte Blätter mit einer Auflage von 120 Exemplaren. Der Linolschnitt des Titelblattes muß Stück für Stück in der Wäschemangel abgezogen werden. Die ersten vier Hefte wurden aus eigener Tasche finanziert.
Von Riegels 5 Mitarbeitern ist keiner älter als 25 Jahre. Empörte Leser mit populärsoziologischer Bildung werden deshalb bequem mit Bemerkungen wie Unreife, krankhaftes Geltungsbedürfnis, postpubertärer Klamauk zur Tagesordnung übergehen können. Die Finisten aber würden fragen: Was ist das für eine Ordnung, Eure Tagesordnung?

Das finistische Paradox

Werner Riegel, Herausgeber einer Monatszeitschrift von 120 Exemplaren, behauptet: »Finismus hat kontinentale Ausmaße«. Fontara, einer seiner Mitarbeiter, erklärt, weshalb man nichts davon merkt: es ist nämlich ›eine Katakombenkultur‹. »Es handelt sich um die Kunstprodukte einer kleinen asketischen Kunstclique, Leute, die sich nicht kennen und nichts voneinander wissen, verstreute Krater des gleichen Lavafeldes, die, es ist erstaunlich, aber durch Empirie bewiesen, keine Verbindung haben außer der unterirdischen Zeitströmung und deren Werke sich oft bis auf Einzelformulierungen gleichen. Sie schreiben die Werke, die einzigen, die unsere Zeit rechtfertigen werden«.
Finismus muß als betontes Ende ein Fazit ziehen. Riegel bemüht sich deshalb zu zeigen, daß die zwei literarischen Gattungen, die seines Erachtens im 20. Jahrhundert allein von Bedeutung waren, im Finismus eine überhöhte Synthese finden. »Es handelt sich um den aktivistischen Tendenzexpressionismus deutscher und um den nihilistisch-apokalyptischen Destruktionsformalismus französischer Provenienz. Es handelt sich

um die Bemühung der Heinrich Mann, Sternheim, Rubiner, Hiller, Hasenclever, Toller bis hin zu Brecht oder Kesten einerseits und um die aus prälogischen Schichten des Hirns steigende Verzweiflung der Heym, Trakl, Lichtenstein, Kafka und Benn andererseits. Um die pazifistisch, sozialistisch, moralistisch eingependelte Aggressivität der auf Kampf und Sieg ausgerichteten politischen Literaten und um die areligiöse Höllenfahrtargumentation der Passionsphalanx der vorsintflutlichen Epoche. Um das Programmatische da, um das Finalphänomen hier.«
Treffpunkt dieser doppelten Ahnenreihe kann nur ein Paradox sein. Riegel umschreibt es als ›Synthese von Kampf und Trauer, Ja und Verneinung, Bruch und Bindung, Tat und Trauma, Arche und Flut.‹ ›Aggressive Trauer‹ zeichnet den finistischen Autor aus. Er führt einen Kampf, den er für verloren hält, aber in der Überzeugung, daß sich im Leiden für eine Idee der Mensch am reinsten verwirklicht. Die Finisten fühlen sich als die letzten wirklichen Menschen in einer Wiederkäuerepoche ohne geistige Inspiration. Was kommt, ist der ›arktopsychische Mensch‹, der Typ mit der vereisten Seele.
Man kann sich kaum in einer heroischeren Situation sehen. Das mag das Pathos mancher Sätze erklären, die man in dieser Zeitschrift findet: ›Die profane Eschatologie des Abendlandes hat begonnen‹ – ›Um die Rufer in der Wüste heult schon der Sandsturm‹.

Lyrik, als Schockbehandlung

Woran erkennt man ein finistisches Gedicht, was ist finistischer Stil? Ein instruktives Beispiel ist eine Strophe aus einem Gedicht von Peter Rühmkorf:

Ein Tag vor Hölle und Helium
Aus Wahnsinn und Wasserstoff.
Nun künde das Evangelium,
Das Dir aus der Harnröhre troff.

Zunächst die Tendenz: Angriff auf das fleischliche Wohlbehagen einer ungeistigen Vergnügungsgesellschaft dicht ›vor morgigen Isotopen-Finish‹. Zu solchen Aussagen braucht der finistische Autor markante und gewaltsame Ausdrucksmittel. Er läßt weit auseinanderliegende Gegenstandsbereiche zusammenprallen, so in der zweiten Zeile, ›die Kern- und Bewußtseinsspaltung zusammenrückt, hintergründige Bezüge ahnen läßt‹, so in der geradezu kreischenden Berührung von Wörtern wie *Harnröhre* und *Evangelium*. Wörter aus dem Bereich des Obszönen sind häufig. Ihre Schockenergie soll genutzt werden, um ›die unehrlichen Samt- und Schleimhälse zu provozieren‹. Der finistische Autor will die Genießer verjagen, die Unverbindlichen, die sich ästhetisch erregen, aber nicht anpacken lassen. Oberflächliche Beurteiler haben deshalb die finistische Lyrik platterdings als Pornographie bezeichnet, nicht bemerkend, daß sie eine ausgesprochen asketische, sinnenfeindliche Tendenz hat. Rühmkorf meint dazu: »Ja gerade die Liebhaber pikanter Witzeleien und charmanter Schweinereien sind es, die hier Hand in Hand mit der prüde-schwitzigen Geheimniskrämerei das Gebiet ihrer bürgerlichen Talmitabus abstecken. Die letzte Intimität derer, die sonst nichts mehr haben.«

Fast alle finistischen Gedichte sind gereimt. Daß die Möglichkeiten des Reims erschöpft seien, bezeichnen die Finisten als Ausrede der Talentlosen. Sie glauben neue Reime gefunden zu haben, von denen sich selbst Gottfried Benn nichts träumen ließ. Sie verlangen sich den Reim ab, weil sie das Nachprüfbare wollen, nichts Verschwimmendes dulden, keine Ausflucht in subjektive Subtilitäten. Sie suchen keine ausgetüftelten Nuancen, sondern das zwingende, wuchtige, schlagende Wort. Diese Strophen sind geladen mit der Energie des Hasses. Hier läßt man nicht mit sich verhandeln. Das Urteil ist gesprochen, die Vollstreckung wird herabgerufen. So in einer Strophe von Conrad Kefer:

Preist den letzten Torpedo,
Der das Ruhmlose nimmt,
Unser verdautes Credo,
Reis mit Zucker und Zimt.

Die Norm in Frage gestellt

Man wird manches gegen die Finisten einwenden können. Man wird ihnen vorhalten können, daß sie Spengler unkritisch gelesen haben, daß es andere, durchaus nicht unbegründete Theorien über die Zukunft des Abendlandes gäbe, oder aber daß man über die Zukunft überhaupt nichts sagen könne.
Man wird ihnen vorwerfen, daß ihnen die Nüchternheit fehle, daß sie in der Negation verharren, daß es aber darauf ankomme mitzuarbeiten, anspruchslos und ohne großartige Gesten das Seine zu leisten. Man wird schließlich sagen, daß der Finismus eine Nachgeburt der Zehnerjahre sei und heute keine Bedeutung habe. Andere wieder werden sich einfach durch Geschmacklosigkeiten abgestoßen fühlen, durch Übertreibungen und Vereinfachungen, durch dieses Gemisch von Talent und Entgleisung.
Aber man müßte sich fragen, ob die Finisten, sollten sie im Großen irren, nicht im einzelnen treffen. Stimmt es nicht, daß unserer Epoche die geistige Inspiration fehlt, daß wir statt Kultur einen Kulturbetrieb haben, eine Angelegenheit von

Managern? Ist es unbegründet zu sagen, daß der Jugend der Mut zu sich selbst mangelt, daß sie sich wohl fühlt am Gängelband der Tradition, daß sie eine Mitläufergeneration ist? Hat nicht wirklich eine Vereisung der Seele eingesetzt, und krankt unsere Zeit nicht an einem Spaltungsirresein zwischen Gefühligkeit und Brutalität? Haben diese Leute nicht recht, das Erfolgreiche zu verdächtigen? Es ist leicht, die Finisten als hysterisch zu bezeichnen, sie als krankhaft und abnorm aus dem Feld zu weisen. Hier aber stellt das Abnorme die Norm in Frage.

Traktat über das Lästige
Quälgeist der Welt — Kobold in tausend Gestalten

Seit jeher hat man sich Himmel und Hölle als einen äußersten Gegensatz vorgestellt. Ich will beileibe nicht behaupten, daß das ein Irrtum sei, nur könnte man darauf hinweisen, daß Himmel und Hölle in einem einzigen Punkt übereinstimmen, nämlich, daß es in beiden Bereichen das Lästige nicht geben kann. Vollkommene Seligkeit schließt sein Vorhandensein ebenso aus wie vollkommene Qual. Für die Hölle wäre es zu harmlos und für den Himmel schlechthin undenkbar. Der Bereich der Unvollkommenheiten und Kompromisse, der Banalitäten und Alltäglichkeiten, unsere irdische Welt also ist sein einziges und eigentliches Feld.

Hier nun könnte man sich einen Menschen vorstellen, dem alle tieferen Freuden und Leiden fernbleiben, nicht aber einen, den das Lästige verschont. Es ist der Quälgeist unserer Welt, ein Kobold, dem beliebig viele Erscheinungsformen zu Gebote stehen. Seitdem Wilhelm Busch die dadurch ausgelösten Reaktionen des *homo sapiens* gezeichnet hat, darf die Zimmerfliege

als klassische Form des Lästigen gelten. Es kann aber auch der reizende kleine Junge von nebenan sein, der nur so entsetzlich wißbegierig ist: »Du mußt jetzt nach Hause gehen, Peter.« »Warum?« »Weil ich schlafen will.« »Warum willst du schlafen?« »Weil ich müde bin.« »Warum bist du müde?« »Weil ich so viel gearbeitet habe.« »Warum ...« Das ist die philosophische Form des Lästigen: durchaus fragwürdige Fragen. Aber wo führte das hin, wollten wir alle unsere Handlungen mit einer unendlichen Kausalkette im Urgrund der Dinge verankern! Ja, und dann kann es auch der wimmernde Dackel sein, der unbedingt noch auf die Straße muß. Oder der Schluckauf, der in hartnäckiger Albernheit dem Redner zwischen die Worte springt. Oder der Chef, ein wirklich herzensguter Mensch, der sich aber dauernd über Brieftauben unterhalten will. Man muß sich da diplomatisch verhalten; aber ist nicht die Tatsache, daß wir das überall und immer wieder müssen, der beste Beweis für unser Ausgeliefertsein an das Lästige?
Allenthalben sind wir vom Lästigen umlauert. Manchmal überfällt es uns wie ein Bazillus, und wir haben eine schwere Infektion weg, ohne es zu ahnen. Ich war neulich so unvorsichtig, beim Frühstück in weltoffener Stimmung das Radio anzuschalten. Das Radio ist ja unverdächtig; man kann es ausschalten, wenn es lästig wird (jedenfalls das eigene). Aber schon in der Straßenbahn fing es an: die endlose Wiederholung der Melodie ›Ach, Max, wenn du den Tango tanzt‹ mit unverhältnismäßig starkem Akzent auf ›Max‹. Ich entdeckte mich an diesem Tage dabei, wie ich eine Treppe im Tangorhythmus zu begehen versuchte, oder ich spürte das unbezähmbare Verlangen, alle Türen immer genau auf ›Max‹ mit unverhältnismäßig starkem Akzent zu öffnen, und schließlich hätte ich fast dem Chef in singendem Tonfall eine Auskunft gegeben. Ich war der fleischgewordene Schlager. – Aber am Abend kam die Umkehrung. Gerade wollte ich einem verständnisvollen Freunde die

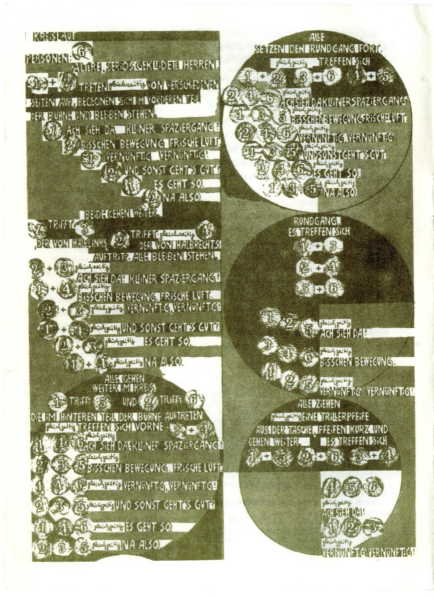

Kreislauf

Personen: 6
Ältere, seriös gekleidete Herren
1+2 treten gleichzeitig von verschiedenen
Seiten auf, begegnen sich im vorderen Teil
der Bühne und bleiben stehen.
1: Ach sieh da – kleiner Spaziergang?
2: Bisschen Bewegung – frische Luft
1: Vernünftig – vernünftig!
2: Uns sonst geht's gut?
1: Es geht so.
2: Na also.
Beide gehen weiter.
1 trifft 3, der von halblinks 2 trifft gleichzeitig 4,
der von halbrechts
auftritt. Alle bleiben stehen.
2+3 *gleichzeitig:* Ach, sieh da! Kleiner Spaziergang?
1+4 *gleichzeitig:* Bisschen Bewegung. Frische Luft.
2+3 *gleichzeitig:* Vernünftig, vernünftig!
1+4 *gleichzeitig:* Und sonst geht's gut?
2+3 *gleichzeitig:* Es geht so.
1+4 *gleichzeitig:* Na also.

Alle gehen
weiter im Kreis.
1 trifft 5 und 2 trifft 6
Die im hinteren Teil der Bühne auftreten.
gleichzeitig treffen sich vorne 3 + 4
1,4,6 *gleichzeitig:* Ach sieh da, kleiner Spaziergang?
2,3,5 *gleichzeitig:* Bisschen Bewegung. Frische Luft.
1,4,6 *gleichzeitig:* Vernünftig, vernünftig!
2,3,5 *gleichzeitig:* Und sonst geht's gut?
1,4,6, *gleichzeitig:* Es geht so.
2,3,5 *gleichzeitig:* Na also.

Alle
setzen den Rundgang fort.
gleichzeitig treffen sich
1+2 3+6 4+5
2,4,6 *gleichzeitig:* Ach sieh da, kleiner Spaziergang?
1,3,5 *gleichzeitig:* Bisschen Bewegung. Frische Luft.
2,4,6 *gleichzeitig:* Vernünftig. Vernünftig.
1,3,5 *gleichzeitig:* Und sonst geht's gut?
2,4,6 *gleichzeitig:* Es geht so.
1,3,5 *gleichzeitig:* Na also.

Rundgang
Es treffen sich
1+3
2+4
5+6
1,2,5 *gleichzeitig:* Ach sieh da!
3,4,6 *gleichzeitig:* Bisschen Bewegung.
1,2,5 *gleichzeitig:* Vernünftig. Vernünftig!

Alle ziehen
gleichzeitig eine Trillerpfeife
aus der Tasche, pfeifen kurz und
gehen weiter. Es treffen sich
1+5 2+6 3+4
4,5,6 *gleichzeitig:* Ach sieh da!
1,2,3 *gleichzeitig:* Vernünftig. Vernünftig!

Pfiff
Rundgang
Es treffen sich
1+2
3+6
4+5
1,2,3,4,5,6: Vernünftig. Vernünftig

Pfiff
Rundgang
Es treffen sich
1+3
2+4
5+6
Pfiff
Rundgang
Es treffen sich
1+5

3+4
2+6
Pfiff
Rundgang
Da / der / Kreis / immer / enger / wird.
Beschleunigt
sich
der
Rhythmus
der
Begegnungen.
Die Figuren / bleiben / nicht / mehr /
stehen
sondern / pfeifen / nur
kurz, wenn sie

– immer
gleichzeitig – aneinander
vorbeikommen
Der / Kreis / wird / enger.
Der
Rhythmus
schneller
und

die
einzelnen
Pfiffe / gehen / in / ein /
ununterbroches / Pfeifen / über.
Während
die
Figuren

hektischer
aber / immer / noch / exakt
umeinander kreisen
verdunkelt
sich
allmählich
die
Bühne.

verhaßte Melodie vorsingen, da war sie verschwunden. Das heißt, sie war jetzt in einer Art negativer Anwesenheit da, als ein irritierendes Etwas, das man jeden Augenblick mit wahrem Erlösungsgefühl zu ergreifen glaubt, als ein Nichts, das eine geradezu atemlose Aufmerksamkeit verlangt. Man macht dabei ein Gesicht, als belagere man seine eigene Seele.

Es gibt auch das Lästige als existentielle Krise des Einsamen, die schließlich in dem Satz »Ich bin mir selber lästig« Ausdruck findet. Manch einer könnte das für baren Unfug halten, da einem doch nach allgemeiner Auffassung immer nur etwas anderes, etwas Außenstehendes, lästig werden kann. Aber es gibt auch dies, daß ein Mensch seine Triebe und Zwänge, seine Neigungen und Gewohnheiten plötzlich erkennt, mit einem Wort, daß er das ganze unentrinnbare Schema begreift, nach dem er lebt, und daß ihm dieses Schema lästig wird. Das ist der Moment, in dem sich der Individualismus an seinen eigenen Grenzen stößt. Freilich kann man sich erst dann selber lästig werden, wenn man vorher die anderen Menschen, weil man sie als lästig empfand, aus seinem Leben verdrängt hat. Und hier liegt der moralische Aspekt des Lästigen: man muß es auf sich nehmen.

Jedermanns Arkadien
Notizen zur Camping-Bewegung

Ein Philosoph, der das bürgerliche Zeitalter einleitete, Jean-Jacques Rousseau, wird jetzt gelegentlich zur Interpretation einer Erscheinung bemüht, die das Ende jenes Zeitalters zur Voraussetzung hat. Zumal die Vertreter der einschlägigen Branchen reden von des Städters Drang zur Natur, wenn sie sich in ihren Prospekten ins Allgemeine erheben. Aber was seit der dritten oder vierten Sommersaison Busch und Tal füllt, macht durchaus nicht den Eindruck von Schwärmern und Propheten des einfachen natürlichen Lebens. Camping-Bewegung heißt der inzwischen geläufige Begriff. Damit ist richtig erfaßt, daß es sich nicht um eine Mode handelt. Wer Mode sagt, hofft, es werde bald vorübergehen. Realistischer ist die Zuversicht der Zeltfabrikanten. Was einer Epoche zum Zitat wird, ist charakteristisch für sie selbst. Kein Wort *seines Goethe* ist dem Bürger so ins Herz gedrungen, wie der Satz: ›Höchstes Glück der Erdenkinder ist nur die Persönlichkeit.‹ Es ist allerdings ein Wort *seines Goethe*, des bürgerlich zurechtgemachten, denn der wirkliche stellt es als eine fremde Meinung hin (»... sei nur die Persönlichkeit«), die er beiläufig abtut (»Kann wohl sein! so wird gemeinet; doch ich bin auf andrer Spur«). Diese andere Spur ist im Sande der bürgerlichen Ignoranz verlaufen. Nachdem die unzulängliche Formulierung doch noch Ereignis geworden war, worum sollte man sich immer strebend da noch bemühen. *Persönlichkeit* wurde zum Leitwort der bürgerlichen Epoche. Und daß es das höchste Glück sei, eine zu sein, tönt noch durch die Festreden unserer Tage. Indessen sucht und findet das Gros der Zeitgenossen das Glück längst in entgegengesetzter Richtung, nämlich auf dem Wege der möglichst vollkommenen Anpassung an die Umwelt, der in der Anonymität endet. Mit zunehmender Industrialisierung sind die meisten Arbeitsvorgänge zu einem kaum noch überschaubaren Gefüge von Teilfunktionen geworden; die Fähigkeit sich einzuordnen, bestimmt die Brauchbarkeit des einzelnen Menschen. Große Zentralen, von denen jeder einzelne abhängt, versorgen die Bevölkerung mit Strom, Gas und Wasser, aber auch mit Nachrichten, Unterhaltung, Unterrichtung und Erbauung. Gesellschaften versichern die Menschen gegen mögliche Härten eines persönlichen Schicksals. In dieser Welt der überindividuellen

Zusammenhänge, der Abhängigkeiten und der Normen ist Individualität störend geworden und kann nur noch im Widerstand gegen sie behauptet werden.

Für den bürgerlichen Menschen war der eigene Herd Goldes wert, das heißt, sobald er finanziell dazu in der Lage war, kaufte er sich ein Grundstück und baute sich ein eigenes Haus. Er brauchte einen Bereich, in dem er sich als alleiniger Herr erleben konnte, als Hausherr im Kreise seiner Familie. Das Selbstgefühl des Bürgers übertrug sich auf sein Haus. Er meinte nicht das Gebäude, wenn er von ihm sprach, sondern sich, seine Frau, seine Kinder. »Die Ehre meines Hauses« sagte er und konnte sich etwas dabei denken.

Nichts von dieser Bedeutung hat die Wohnung für den modernen Menschen. Schon weil sie zumeist nicht sein Eigentum ist, fehlt ihm die Grundlage zu solchem Erleben. Einen großen Teil des Tages verbringt er außerhalb des Hauses, deshalb ist die Wohnung nur Wohnung für ihn. Er sieht ihren funktionalen Charakter, bewertet ihre sachliche Eignung als Aufenthaltsraum, Eßraum, Schlafraum.

Seinen Ansprüchen wird genügt durch die Norm. Der Architekt, der einen modernen Wohnblock zu entwerfen hat, orientiert seinen Grundriß nach verschiedenen Normfällen menschlichen Zusammenlebens, wie den Junggesellen, das kinderlose Ehepaar, das Ehepaar mit einem, zwei oder mehreren Kindern. Voraussetzung dieses Bauens ist die Belanglosigkeit alles Individuellen, eine Annahme, mit der der Architekt recht behält. Wenn er vom Individuellen spricht, das er nicht berücksichtigen kann, meint er nicht Individualität, eben das unteilbare Wesen in seiner Besonderheit, sondern das Besondere gleichsam als Behang des Allgemeinen, wechselnder Dekor einer durchgängigen Norm.

Der Bewohner der Normwohnung muß sich dem Schema fügen. Wenn er ihr eine *persönliche Note* gibt, akzeptiert er das

Schema, indem er ihm sein Etikett anheftet oder es bestenfalls persönlich interpretiert. Die *persönliche Note*, das ist zum Beispiel der Stil seiner Bilder, der Vorhänge und der Möbel und, soweit ihm der Raum Spielraum läßt, deren Anordnung. Aber das alles ist transportable Kulisse und kann in jeder beliebigen Wohnung derselben Norm zu genau dem gleichen Bühnenbild unverwechselbar eigenen Lebens zusammengesetzt werden. Wenn der Raum austauschbar bleibt, ist er nicht angeeignet, ist sein Bewohner potentiell ein Nomade. Deutlich wird dieses Lebensgefühl in der oft gehörten Äußerung: »Ich möchte mir kein eigenes Haus bauen; dann ist man so unbeweglich.«

Die Nomaden haben sich motorisiert und erscheinen in den Sommermonaten scharenweise auf den Camping-Plätzen. Sie kommen in Autos oder auf Motorrädern, seltener mit dem Fahrrad, ihre Behausung ist der Wohnwagen oder das Zelt, sie bringen mit: Luftmatratzen, Schlafsäcke und Klappstühle, Benzinkocher, Töpfe, Pfannen und Konserven, Sportgeräte und Photoapparat, Kofferradio oder Akkordeon – sie sind in jeder Beziehung perfekt und schick. Bei schönem Wetter gleichen die größeren Campinglager einem Rummelplatz. Hier zeigt sich, was die moderne Gesellschaftsordnung aus dem Menschen gemacht hat.

Daß er ein Verhältnis zur Natur habe, wird schon durch die Art widerlegt, wie er sich in ihr niederläßt. Er sucht nicht wie der wandernde Bürger Waldeseinsamkeit und kosmische Schauer tief in der Brust, sondern Sonnenwärme, Badegelegenheit und den Hintergrund für das Zeltphoto. Camping ist kein Mittel zur Naturbegegnung, sondern Natur eine Gelegenheit zum Camping.

In einem Zeltlager zusammen mit lauter fremden Menschen zu leben, wäre dem Bürger ein Greuel gewesen, unerträglich schon, sich in der Öffentlichkeit zu waschen, zu rasieren, zu kochen, zu essen. Nichts bestätigt so sehr die These vom

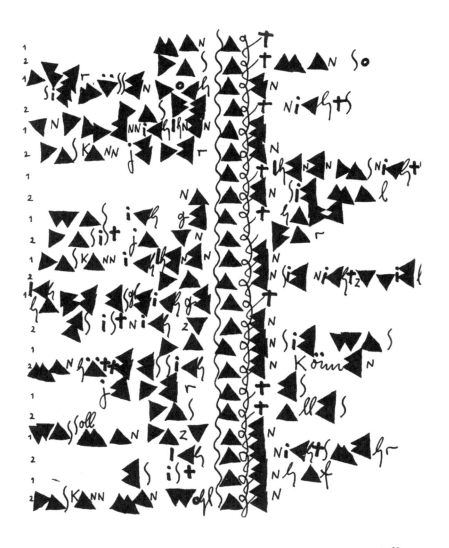

Dieter Wellershoff

Ende des Individualismus, wie der offensichtliche Verlust des Gefühls für die Intimität solcher Verrichtungen. Auf dem Campingplatz spielt sich alles in der Öffentlichkeit ab, mit Ausnahme des Geschlechtsaktes, dem das Zelt einen letzten Schein des Persönlichen rettet. Dies eben ist der Reiz des Camping, daß hier die Gleichzeitigkeit und Gleichförmigkeit aller Vorgänge erlebt wird. Daß die anderen so sind wie er, ist das ergo sum des Zeitgenossen, der in der Anonymität sich selbst verloren hat.

Mangelnde Individualität macht Begegnung sinnlos. Dem Bürger, der sein Grundstück mit einem Zaun umschloß, wurde der Mensch jenseits des Zaunes zum Nachbarn. Distanz ist zugleich der Anreiz, sie zu überbrücken. Die Zeitgenossen, dicht zusammengedrängt, kennen sich nicht. Auf den Camping-Plätzen, wo sich die letzten Konturen verwischen, erleben sie das unterschiedlose Nebeneinander als neue Möglichkeit des Glücks. Sie wittern die Lust grenzenloser Vermischbarkeit. Hier ist Jedermanns Arkadien.

—
Man sagt

1	Man sagt
2	Das sagt man so
1	Aber Sie müssen doch sagen
2	Das besagt nichts
1	Und wenn ich Ihnen sage
2	Das kann jeder sagen
1	Sagt Ihnen das nichts?
2	Na sagen Sie mal
1	Was ich gesagt habe
2	Das ist ja unsagbar
1	Das kann ich Ihnen sagen
2	Da sagen Sie nicht zuviel
1	Ich habe es gleich gesagt
2	Es ist nicht zu sagen
1	Da sagen Sie was
2	Man hätte es sich sagen können
1	Jeder sagt es
2	Das sagt alles
1	Was soll man dazu sagen
2	Ich sage nichts mehr
1	Es ist sagenhaft
2	Das kann man wohl sagen

Physiognomisches Denken
Zu den Schriften Walter Benjamins

Gibt es eindringlichere Schilderungen kindlichen Erlebens als diese?

Lesendes Kind:
Beim Lesen hält es sich die Ohren zu, sein Buch liegt auf dem viel zu hohen Tisch, und eine Hand liegt immer auf dem Blatt. Ihm sind die Abenteuer des Helden noch im Wirbel der Lettern zu lesen wie Figur und Botschaft im Treiben der Flocken. Sein Atem steht in der Luft der Geschehnisse, und alle Figuren hauchen es an. Es ist viel näher unter die Gestalten gemischt als der Erwachsene. Es ist unsäglich betroffen von dem Geschehen und den gewechselten Worten, und wenn es aufsteht, ist es über und über beschneit vom Gelesenen.

Verstecktes Kind:
Es kennt in der Wohnung schon alle Verstecke und kehrt darein wie in ein Haus zurück, wo man sicher ist, alles beim alten zu finden. Ihm klopft das Herz, es hält seinen Atem an. Hier ist es in die Stoffwelt eingeschlossen. Sie wird ihm ungeheuer deutlich, kommt ihm sprachlos nah. So wird erst einer, den man aufhängt, inne, was Strick und Holz sind. Das Kind, das hinter der Portiere steht, wird selbst zu etwas Wehendem, Weißem, zum Gespenst. Der Eßtisch, unter den es sich gekauert hat, läßt es zum hölzernen Idol des Tempels werden, wo die geschnitzten Beine die vier Säulen sind. Und hinter einer Tür ist es selber Tür, ist mit ihr aufgetan als schwerer Maske und wird als Zauberpriester alle behexen, die ahnungslos eintreten ...

Diese Zitate sind dem Aphorismen- und Skizzenband **Einbahnstraße** von Walter Benjamin entnommen, der in diesem Jahr vom **Verlag Suhrkamp** wieder herausgebracht wurde. (Seine erste Ausgabe hatte 1928 der **Rowohlt-Verlag** besorgt.) Ähnliche Miniaturen aus der Erlebniswelt des Kindes enthält das

Bändchen **Berliner Kindheit um Neunzehnhundert**, das 1950 im **Verlag Suhrkamp** erschien. Diese Miniaturen waren das erste, was man nach dem Kriege von Walter Benjamin wieder lesen konnte. Nur wenige von den wenigen, die sie lasen, hatten wohl noch eine Vorstellung von dem Autor. War das nicht ein Essayist, der in der **Frankfurter Zeitung**, in der **Vossischen Zeitung**, in der **Literarischen Welt** und vielen anderen bekannten Blättern der 20er und frühen 30er Jahre geschrieben hatte, ein Literaturwissenschaftler oder ein Philosoph, einer der ersten deutschen Übersetzer von Marcel Proust, ein Außenseiter, dessen Habilitationsschrift von der Universität Frankfurt abgelehnt wurde, ein glänzender Stilist und eigenwilliger Denker? Solche Details mochte zusammenbringen, wer das geistige Leben der 20er Jahre noch erlebt hatte. Jüngere Leser hatten kaum je den Namen gehört. Das Werk Benjamins war mit den Zeitungen, in denen er es verstreut hatte, verschwunden. Er selbst, seit 1933 als Emigrant in Paris lebend, hatte sich 1940 auf der Flucht vor den deutschen Truppen in einem spanischen Grenzort vergiftet.

Jetzt hat der **Verlag Suhrkamp** die Schriften Benjamins in zwei Bänden herausgebracht (der erste Band enthält auch die vorher erschienenen Bändchen **Berliner Kindheit** und **Einbahnstraße**). Herausgeber sind Theodor W. Adorno, der die Einleitung geschrieben hat, und Gretel Adorno, ferner Friedrich Podszus, von dem die Biographie Benjamins stammt. Neben Einleitung und Biographie ist dem Studium dieses noch, oder wieder unbekannten Autors die kurze Bibliographie im zweiten Bande sehr dienlich, aus der sich die chronologische Ordnung der Schriften entnehmen läßt.

Vom Rezensenten, der unversehens einer solchen Fülle von Essays, literarischen Untersuchungen, Prosastücken, Aphorismen und Entwürfen konfrontiert wird, kann nicht erwartet werden, daß er über alles dies sehr bald ein Urteil zur Hand hat. Anders als im Normalfall, da er ein Buch eines meist schon bekannten Autors zu besprechen hat, steht er hier vor einem völlig neuen, noch unwegsamen Feld. Da ist zum Beispiel der große, von Hofmannsthal hochgerühmte Essay über **Goethes Wahlverwandtschaften**. Beim Studium wird deutlich, daß man jetzt die **Wahlverwandtschaften,** die anderen Alterswerke Goethes und seinen gleichzeitigen Briefwechsel neu lesen müßte und daß man sie wahrhaft neu lesen würde. So ist hier die Typik der Sprache Goethes, die von der Literaturwissenschaft festgestellt und ohne einleuchtende Erklärung hingenommen wurde, vom Wahrheitsgehalt des Kunstwerkes her begriffen, so wird man erschreckt der Gewalt mythischer Erlebnisse und Vorstellungen in Goethes Leben gewahr. Hofmannsthal gestand, der Essay habe in seinem inneren Leben Epoche gemacht, er habe sein Denken nicht wieder losgelassen. In dieses Werk einzudringen heißt, sich in eine Verstrickung begeben, aus der man nicht rasch und unverwandelt zurückkehrt.

Aber wenn schon die großen Essays hier nicht besprochen werden können, kann nicht die Eigenart von Benjamins Denken beschrieben werden? Adorno, der mit Benjamin befreundet war und während der Emigration in Paris im **Institut für Sozialforschung** mit ihm zusammengearbeitet hat, spricht in der Einleitung von der ›Evidenz der Erfahrung‹, die Benjamins Schriften eigen ist und die sie so vielen in konventioneller Wissenschaftslogik befangenen Arbeiten überlegen erscheinen läßt. Er betont das ›spezifische Gewicht des Konkreten‹ in Benjamins Philosophieren, und er sagt von seiner Sprache, die wenig begründet, ableitet, argumentiert, daß sie ›kraft des Nennens Autorität beansprucht‹. Uns will scheinen, daß dies nicht zu verstehen sei ohne die Miniaturen aus der Erlebniswelt des Kindes in der **Berliner Kindheit** und den entsprechenden Stücken aus der **Einbahnstraße,** von denen wir anfangs zwei zitiert haben. Soll man sagen, daß dies nur ungewöhnlich einfühlsame Schilderungen kindlichen Erlebens sind, oder ist es nicht vielmehr der Blick des Kindes selbst, in dem hier die Welt erscheint? ›Alle Figuren hauchen es an‹ ... ›Es ist unsäglich betroffen von dem Geschehen‹ ... ›Die Stoffwelt wird ihm ungeheuer deutlich, kommt ihm sprachlos nah‹. Was mit diesen Formulierungen beschrieben ist, das ist genau die Faszination, die von allen Texten Benjamins ausgeht. Einzig Marcel Proust hat wie er diesen Blick des Kindes, dem die unverstellten Dinge ihre Physiognomie preisgeben. So wird ihm das Unscheinbare bedeutungsvoll. Im beharrlichen Anschauen öffnen ihm die Dinge ihren Sinn und werden zu Sinnbildern. Wie der kleine Junge in das lockende Dunkel der Speisekammer eindringt, darin erkennt Benjamin ein unbewußtes Vorspiel des Eros. Zugleich ist damit alle Schuld und Tragik späterer Liebesbeziehungen vorweggenommen. ›Die Hand, der jugendliche Don Juan, war bald in alle Zellen und Gelasse eingedrungen, hinter sich rinnende Schichten und strömende Mengen: Jungfräulichkeit, die ohne Klagen sich erneuerte.‹

Das Konkrete transzendiert bei Benjamin zum Sinnbild, ohne je sich selbst zu verflüchtigen, im Konkreten wird Sinn evident. **Denkbilder** hat Benjamin einige seiner kurzen Prosastücke genannt. Das scheint ein Hinweis zu sein, zum Verständnis des ursprünglich künstlerischen Prozesses, der sich in seinen Schriften als Erkenntnis vollzogen hat.

Prinzipien des Romanschreibens

1. Stelle wirkliche Menschen dar, Menschen, die du kennst, keine psychoanalytischen oder soziologischen Modellfälle, keine Konstruktionen. Erfindung ist nur erlaubt als Verschärfung der Erfahrung.
2. Man muß die Menschen in der Bewegung (der Aktion) darstellen, nicht statisch beschreibend, nicht als Gegenstände. Beschreibung und Aktion dürfen nicht auseinanderfallen.
3. Nichts erklären, nichts interpretieren. Reflexionen sind nur als Reflexionen der handelnden Personen zulässig, nichts als handlungstranszendente Ebene, auf der sich der Autor und der Leser über das Geschehen verständigen. Die Phänomene nicht rational auflösen.
4. Übergänge vermeiden. Statt dessen ein Prinzip der harten Brüche und Sprünge, des Nebeneinanders, der unvermittelten Kontraste.
5. Die Wirklichkeit ist anders, als man zunächst denkt (und wahrnimmt). Sie ist befremdend, widersprüchlich, disharmonisch. Dicke Männer können sehr gelenkig sein und überraschend schnell laufen. Der Mörder geht nach der Tat zum Friseur.
6. Die Tatsachen erforschen. Phantasieren nur auf dem Boden der Realitätserforschung. Phantasie verlängert die Realitätskenntnis.
7. Nahaufnahmen. Mitgehen beim Geschehen, Aufmerksamkeit für das Beiläufige, bei intimen Vorgängen dabei sein.
8. Eine Figur aus den Augen verlieren und an anderer Stelle, zu anderer Zeit wieder auftauchen lassen. Vielleicht erscheint sie auch nur momentweise. Abbrechen, etwas anderes darstellen.
9. Simultaneität: – daran zeigt sich kollektives Leben. Vorgänge, die nichts miteinander zu tun haben, streifen sich, kreuzen sich, überlagern sich. Interessant ist das Zusammentreffen des Extremen, Besonderen mit dem Alltäglichen. Dadurch wird das Besondere erst als das Besondere erlebbar, und auch seine

Einbettung in das gesamte Leben. Der Amokläufer und der Briefträger kommen durch dieselbe Straße.
10. Der Stil kann wechseln, aber damit muß etwas deutlich werden. Es ist ein Perspektivenwechsel, ein Wechsel der Erfahrungsweise.
11. Der Rhythmus des Perspektivenwechsels ist wichtig. Er bestimmt das Tempo des Geschehens. Plötzliche schnelle Wechsel können zwei Handlungsstränge zur katastrophalen Kollision führen.
12. Niemals moralisieren. Nur das Leiden der Person selbst. Die Phänomene enthalten alles.
13. Keine Hilfen für den Leser. Ihn nicht bei der Hand nehmen. Er soll stolpern, sich durchkämpfen, hilflos werden, nicht mehr klar sehen. Er soll Erfahrungen machen.

Sind das überhaupt noch Gedichte?

Vielleicht nicht.
Aber dann wird es sich um etwas anderes handeln. Definitionen schaffen nur scheinbar Klarheit, sprechen wir lieber von unseren Vorurteilen.
Gedichte, die einen regelrechten Rhythmus, ein metrisches Schema erhalten, kommen mir vor wie Paradmärsche oder trippelnde Frauen.
Gedichte, die die Sprache, (die Erfahrung, den Gedanken) in feste Formen (Sonett, Ode, Reimstrophe) zwängen oder hineinschmeicheln, erinnern mich an Puzzelspiele.
Gedichte, die sich eines erlesenen poetischen Vokabulars befleißigen, wirken auf mich wie Sonntagsanzüge.
Wenn jemand sagt, das Gedicht sei ein Kunstwerk und also dem Anspruch nach eine vollkommene und notwendige Form

(Kriterium: »kein Wort dürfte anders sein«), dann ist das immer noch die Ideologie einer Mangelgesellschaft, die nicht angelegt ist auf Verbrauch und Veränderung, sondern auf Wertbeständigkeit und Dauer und die sich dafür im Kunstwerk ein Symbol geschaffen hat. Was selten ist, das ist kostbar, deshalb sollte es langlebig sein (erhabene Steigerung: »zeitlos gültig, unveränderbar, ewig«) und dies durch seine Gestalt und seine Machart (»solide gearbeitet, keine Mühe gescheut«) (erhabene Steigerung: »vollendetes Kunstwerk«) deutlich machen. Die kunstvolle Schwierigkeit des traditionellen Gedichts betont mit der Distanz zu Prosa und Umgangssprache die Seltenheit des Produkts und eine Überintegriertheit, die nicht an sich rütteln läßt, sondern Respekt verlangt. Die Form selbst ist Ideologie und der traditionelle Zubringerdienst, die Bildung, eine Einübung im Hochblicken. Die Dichter haben zu diesem Mythos beigetragen, etwas wenn Gottfried Benn behauptet hat, mehr als sechs vollendete Gedichte könne ein Autor in seinem Leben nicht zustande bringen. In die Knie ihr Prosaisten, ihr Proletarier des alltäglichen Sprachgebrauchs – so muß man das wohl verstehen.

Stattdessen schlage ich vor, davon auszugehen, daß Schreiben, auch Gedichtschreiben zu den möglichen Fähigkeiten aller Menschen gehört wie Schwimmen, Nachdenken und Tanzen, und nur in einer Gesellschaft, die die Spontanität der meisten zugrunderichtet, die Fähigkeit sich auszudrücken etwas Seltenes ist. Gerade deshalb sollte an jede literarische Äußerung der Anspruch gestellt werden, etwas von dieser möglichen allgemeinen Freiheit schon zu zeigen. Das Gedicht als exklusiver Kultgegenstand ist unglaubhaft geworden bis zur Peinlichkeit. Ich sehe es als die leichteste, beweglichste Äußerungsform, als Einübung in ein freies individuelles Sprechen, das es anders noch nicht gibt.

Wetterkunde

Warum habe Sie
Das Wetter dargestellt,
fragte er mich,
und ich sah,
daß die anderen jetzt dachten,
ja, warum
hat er das Wetter dargestellt?
Ich wußte es
selbst nicht mehr.
Sonne, Regen, Nebel –
die übliche Abwechslung.
1969

La Paloma

Ein Hund am Meer
ist nicht einfach
ein Hund am Meer
er vertieft
den Eindruck Meer
und den Eindruck Hund
ähnlich wie die weiße Taube
im Schalltrichter des
Megaphons.
1969

Die öffentliche Neurose
Dieter Wellershoff über *Acid. Neue amerikanische Szene*

›Sherry Barba ist wahrscheinlich eine Frau.‹ So beginnt eine der biographischen Notizen dieses Lesebuches. Es ist ein Witz, in dem eine programmatische Äußerung steckt. Oder vielleicht ist es eine programmatische Äußerung, die man als Witz mißversteht, weil sie verblüfft. Wahrscheinlich aber nicht mehr den, der schon folgende Definition gelesen hat: ›In einem gewissen Sinne ist der Mann ... nichts anderes als ein gebärmutterloses und geschmücktes Weib – und die Frau ein penisloser Mann mit kugelförmigen Verzierungen.‹

Das stammt aus Parker Tylers Aufsatz **Männer, Frauen und die übrigen Geschlechter**, der die gewohnten sexuellen Ordnungsschemata verwischt, um die Verheißung seines zweiten Titels anschaulich zu machen: **Wie es euch gefällt, so könnt ihr es haben**. Zusammen mit Leslie A. Fiedlers Vortrag **Die neuen Mutanten** oder Marshall McLuhans und George B. Leonards Bemerkungen über **Die Zukunft der Sexualität** bildet Tylers Aufsatz das thematische Zentrum des Lesebuches *Acid*.

Das Buch ist ein Konglomerat aus Lyrik, Prosa, Essayistik, Interviews, Statements, Textmontagen, pornographischen Texten, Comic strips und Photos, eine Aktualitätenschau im Layout eines Magazins, die ihr literarisches Material aus zahlreichen amerikanischen Underground-Zeitschriften zusammengestellt hat, aber auch Film, Kunst, Musik, Trivialliteratur miteinbezieht, um ›ein Gesamtklima‹ zu dokumentieren, das in den fünfziger Jahren mit den Beatniks sich ankündigte und in den sechziger Jahren sich verbreitete und radikalisierte zu einer trotz Pop Art und Beatmusik nicht vollends integrierten Protestkultur.

Das ist nicht mehr die ›Angst-Szene Kultur‹, sagt der Herausgeber Brinkmann in seinem Nachwort. Der Grund: Man fürchtet

nicht mehr, als neurotisch zu gelten. Die Neurose, bisher erfolgreich privatisiert als Krankheit und individuelles Versagen, wird öffentlich und aggressiv. Sie ist das Potential des Protestes gegen überflüssige Triebopfer, die die Gesellschaft immer noch vom einzelnen verlangt, und zugleich das Reservoir vom Schuldgefühl entstellter Wünsche, die befreit werden sollen auf dem Weg allgemein anerkannter Regression.
Die Drogen sind ein Mittel dazu, die elektronisch verstärkte Musik und die *psychedelischen* Lichthypnosen ein anderes. Es sind über den Körper vermittelte Angriffe auf die im Ich festsitzende Rationalität der Gesellschaft, ekstatische Freisetzungen unterdrückter Energien, die sich nicht mehr umwandeln lassen in Leistung, sondern an ihre Stelle ein orgiastisches Prinzip setzen.
Alles dient der Steigerung der Lebensintensität. Man will high sein, dieses neue Wort für Glück meint einen Zustand nicht etwa erreichter Zielverwirklichung und Identität, sondern eine geschichtslose gesteigerte Gegenwart, die man sozusagen im Senkrechtstart durch einen starken Erregungsimpuls erreicht. McLuhan sagt mit Hinweis auf Elvis Presley und die Beatles, ›die Fähigkeit, Emotionen freizusetzen‹, sei ›heute die am stärksten wirkende erotische Kraft‹. Die sensiblen langhaarigen Idole haben das alte Ideal engspuriger rauher Männlichkeit abgelöst. ›Der Typ des hombre, der meistens von John Wayne gespielt wird, ist bereits ein Anachronismus. ›Sei ein Mann‹, brüllt der hombre, und die sensiblere Jugend durchschaut das mit Gelächter.‹
Klar differenzierte Geschlechtsrollen werden offenbar nicht mehr eingeübt, weil das Verhalten der Elterngeneration selbst schon unsicher oder flexibel geworden ist und die alten Leitbilder, wenn überhaupt, nur noch scheinhaft repräsentiert.
Aber Leslie A. Fiedlers These geht weiter. Im Verhalten der Jugend werden nicht nur die traditionellen Geschlechtsrollen als

soziale Zwangsformen abgelehnt, sondern es handelt sich um den Versuch, ›das Erwachsensein völlig abzustreifen, zumindest im Bereich des Sexuellen‹.

Das hatte einen zärtlich-sentimentalen Ausdruck gefunden in Salingers Roman **Der Fänger im Roggen**, dessen Held Holden Caulfield, nach vergeblichen Versuchen, erwachsen zu werden, zu seiner kleinen Schwester flieht; bei Frank Zappa, dem Bandleader der **Mothers of Invention**, wird es zum aggressiven Programm: ›Mammi und Pappi‹ sind ›verfault‹ und ›beschissen‹.

In so summarischen Appellen verschmelzen Heilsbotschaft und Schaugeschäft, was längst nicht mehr ungewohnt ist, wenn man etwa an den Schauprediger Billy Graham denkt. Es sind Reaktionen auf die neue Öffentlichkeit im Zeitalter der Massenmedien, die nach McLuhan sich wieder der kollektiven Unmittelbarkeit des Stammeslebens nähert.

Anscheinend haben die neueren amerikanischen Schriftsteller diese Situation reflektiert oder sind von ihr geprägt. Daß man den Eindruck eines sehr impulsiven, gelegentlich auch forcierten Schreibens hat, hängt sicher damit zusammen, daß sie bei ihrem Publikum und vor sich selbst mit den starken Suggestionen des Rock und Beat, der Pop Art, des Films und der Intermediaschau konkurrieren müssen. Wenn sie Schock- und Überraschungseffekte häufen, etwa durch brutale oder obszöne Szenen, tabuisiertes Vokabular oder strukturell durch eine Montagetechnik, die alle rationalen Zusammenhänge zerstört, rechnen sie offenbar mit erhöhten Reizschwellen und schreiben eine Literatur mit Lautverstärkereffekt.

Diese Literatur ist anarchisch, subjektiv und improvisierend und scheint vor allem zwei große Möglichkeiten zu haben: eine phantasmagorische Prosa als Projektionsraum unausgelebter Ängste, Aggressionen und Wünsche wie in William Burroughs **Naked Lunch** und daneben die neue Unmittelbarkeit eines als spontane Notierung verstandenen Gedichts.

Aber auch von den ganz persönlichen und hochselektiven Gedichten dieses Bandes geht der Eindruck aus, daß jeder schreiben könnte, wenn er befreit würde von verinnerlichten sozialen Zwängen, die seine Spontaneität fesseln und vielleicht nichts anderes sind als Reste einer Moral des Mangels, die noch in der Vorstellung vom einsamen, erhabenen, zeitlosen Kunstwerk sich ein sublimes Symbol geschaffen hat.

Eine unstabile Zukunft
Kunstwerke von morgen sind keine Wertgegenstände mehr

Zu Beginn dieses Jahres kamen in aller Welt die Futurologen zu Wort, um das neue Jahrzehnt, das Leben der siebziger Jahre vorauszusagen. Eine ihrer Prophezeiungen lautete, daß die künstlerischen, die kreativen Berufe besonders gute Aussichten hätten.

Ich glaube nicht, daß damit für alle Künstler der Begriff der brotlosen Kunst historisch verabschiedet ist. Eher werden die sozialen Unterschiede zwischen der Prominenz und den Unbekannten noch skandalöser werden, denn die Unüberschaubarkeit des Angebots läßt Zonen relativer Unsichtbarkeit entstehen, die schwer zu verlassen sind und von denen deshalb diejenigen begünstigt werden, die, aus welchen Gründen auch immer, über sie hinausgelangten. Sie werden zu hochhonorierten Fixpunkten der allgemeinen Aufmerksamkeit, sie beschäftigen das Informationsnetz bis in seine privaten Verästelungen, als Gesprächs- und Reflexionsanlaß sind sie für eine Weile das Kontaktmaterial, an dem sich die Gesellschaft formuliert.

Vielleicht wird aber in Zukunft die gesellschaftliche Belichtungsdauer noch kürzer werden, die man früher Ruhm nannte und als einen dauerhaften, denkmalwürdigen Status empfand; oder vielleicht wird Ruhm eine Bekanntheit zweiten Grades sein, eine dämmerig beleuchtete Anwesenheit im Bühnenhintergrund, während ganz vorn als das eigentlich Aufregende die Aktualitäten wechseln.

Je zugespitzter eine neue Artikulationsweise ist, um so größer ist wahrscheinlich ihre Chance aufzufallen, um so kurzfristiger aber auch ihre Aktualität. Und wenn ein Künstler, ein Autor mit einer solchen Besonderheit identifiziert ist, und das ist ja wohl eine Konsequenz der Markenartikelbildung und Idolisierung, die der Kunstmarkt betreiben muß, dann ist er in Gefahr, ebenfalls rasch zu verschwinden. »Kunst hat heute Nachrichtenwert«, sagt der New Yorker Kunstkritiker John Perrault, und Nachrichten sind keine Wertgegenstände, die sich halten. Für das Bedürfnis nach kultureller Stabilität sind das schlechte Aussichten. Qualitative Beliebigkeit und Verwahrlosung scheinen auf uns zuzukommen. Wenn schließlich alle Kriterien weggeschwemmt sind vom uferlosen Machen, dann bleiben nur Konfusion und Konformismus übrig.

So zum Beispiel zeigt es Nathalie Sarrautes Roman **Die goldenen Früchte**, in dem vorgeführt wird, wie durch das dauernde Gerede der Literaten irgendein Buch irgendeines Autors zuerst zu einem bedeutenden Werk gemacht wird und dann allmählich wieder zu einem Nichts, an das sich keiner mehr recht erinnern kann und möchte. Das ist mit Abscheu vor der inneren Haltlosigkeit dieser Gesellschaft gesehen, die nur aus Anpassungszwängen zu bestehen scheint. Ein totaler Relativismus der Werte erzeugt eine dauernde Angst und eine nervöse Informationsjagd, in der alle gierig nach bald wieder aufgekündigten Übereinstimmungen schnappen und sich gegenseitig terrorisieren.

Was aber wäre das Gegenbild dazu? Eine normative Ästhetik, ewige Werte, ein klassischer Stil mit kanonisierten Meisterwerken? Und welcher Gesellschaft würde das entsprechen? Offenbar doch einer, die vor allem ihre Struktur bewahren will, die politisch, moralisch, kulturell auf normativem, wahrscheinlich sogar von oben verordnetem Konsensus beruht und in der Lernen ein Reproduzieren von vorgeformten Erfahrungs- und Verhaltensmustern ist. Es wäre eine Gesellschaft, die das Neue als falsch, fremd und böse denunziert, weil sie sich davon in ihren Grundregeln bedroht fühlt, eine Gesellschaft, die autoritär ist, weil sie ihrer eigenen konsensusbildenden Kraft mißtraut.

Eine moderne Gesellschaft wäre dagegen eine, die wie ein entwickeltes kybernetisches System Ultrastabilität besitzt. Das heißt: Sie muß fähig sein, zu lernen, neue Problemlösungen zu finden und sich dabei selbst zu verändern. Das hängt davon ab, ob sie viele neue Informationen aufnehmen und nach neuen Operationsregeln miteinander verbinden kann. Es muß also in ihr möglichst viele Menschen geben, die sich in wechselnde Rollen und Situationen hineindenken können, die in dauerndem Informationsaustausch stehen, die nicht normgebunden, sondern sachorientiert denken und für die Lernen ein dauerndes Umlernen ist.

Es wundert mich nicht, wenn dieses Prinzip der dauernden Veränderung sich in der Kunst und Literatur besonders deutlich darstellt, ja, wenn dieser von Sachzwängen entlastete Bereich das eigentliche Trainingsfeld wird für die geistige und sensuelle Beweglichkeit, die eine moderne Gesellschaft braucht. Alles ist möglich, und alles Neue ist interessant – das ist die Botschaft, die durch die Entschränkung oder Auflösung des Kunstbegriffs und den sich beschleunigenden und vervielfachenden Umlauf neuer Artikulationsweisen schon allgemein geworden ist, und das durch die Gesamttendenz der Gesellschaft.

Natürlich kann man auf Widersprüche hinweisen und der Kunst vorwerfen, daß sie eine Ersatzbewegung in einer institutionell schwerfälligen und rückständigen Gesellschaft sei, aber das nimmt ihrer ungeheuren Ausweitung, die wir vor Augen haben, noch nicht die Beispielhaftigkeit für eine mögliche künftige Gesellschaft, die vom Mangel, von zwanghafter Arbeit und den Verdikten gegen die Sinnlichkeit befreit ist und in der Kreativität und spielerische Freiheit allgemeine Werte sind.

Es ist ein unbewußtes Votum für eine Veränderung in dieser Richtung, wenn wir beispielsweise im Gedicht überintegrierte Formen und metrische Schemata uninteressant finden und den spontanen, fragmentarischen Ausdruck bevorzugen, wenn in der Prosa die Erzählerspektive als eine konventionelle Objektivierung der Welt die Vorstellungskraft ermüdet, während multiperspektivische hypothetische Schreibweisen sie herausfordern. Aber ich sollte das prinzipieller formulieren: Ein durchgehender Zug der modernen Kunst und Literatur ist die verweigerte Verfestigung der Erscheinungen und Bedeutungen; immer neue Störtaktiken werden erfunden, die das scheinbar Bekannte, das repräsentativ werden möchte, auflösen in Vieldeutigkeit und Bewegung.

Das setzt ein Publikum voraus, das keine Bestätigung, sondern eine dauernde Verschiebung seiner Erwartungen verlangt und für das es ein Reiz ist, neue Fragen und neue Operationsregeln zu verstehen. Ich traue diesem Training der Lernfähigkeit oder des raschen Orientierungswechsels zu, daß es in immer mehr Menschen die traditionellen und autoritären Konditionierungen lockert und vielleicht zerstört.

Aber Autonomie wäre damit noch nicht verwirklicht, denn sie wird durch diesen Prozeß der dauernden Informationsvermehrung nicht nur gefördert, sondern auch bedroht. Sie kann durchaus verlorengehen in der totalen Zerstreuung, indem sich nämlich eine Reizbedürftigkeit einübt, die keine längere Spannung, keinen Befriedigungsaufschub ertragen kann und die deshalb immer lieber das Billige als das Schwierige wählt. Die Entschränkung der kreativen Möglichkeiten würde sich so selber verschütten und dann wahrscheinlich einfangen lassen in den neutralisierten Formen artistischer Technologie. Für einen Schriftsteller ist das heute kein zufälliges Thema. Schreiben hat mehr und mehr den Charakter einer Probierbewegung bekommen, die über immer neue Stationen einer Faszination folgt, die sie sich verständlich machen will. Kritik wird dem folgen müssen, ja sie gehört als eine zweite Artikulationsform dazu. Auch sie ist ein prospektiver Akt geworden, weil sie sich nicht mehr orientieren kann an vorgegebenen ewigen Normgestalten. Es sieht so aus, als wende sich alle Phantasie den Projektionsräumen zu, in denen unser noch nicht artikuliertes Leben sich selber zu erkennen versucht.

Realistisch schreiben
Vortrag bei den *Mondorfer Literaturtagen* 1974

1. Eine Schreibweise ist eine Form der Erfahrung. Beide bestimmen sich wechselseitig. Aber die verschiedenen Ästhetiken vereinseitigen den Vorgang im Sinne einer einfachen Kausalität. Die Realisten bevorzugen die Vorstellung, daß die Erfahrung sich eine entsprechende Form sucht, die Formalisten neigen zu der These, daß die frei gewählte Form die entsprechende Erfahrung produziert. Die erste Vorstellung gilt als naiv, die zweite als kritisch. Aber unkritisch daran ist die Annahme, daß die Wahl einer Form oder Schreibweise ein undeterminierter freier Willensakt sei, während doch dahinter unbewußte Selektionsmechanismen, Interessen, Relevanzstrukturen stehen, die die Wahl bestimmen.

2. Das menschliche Bewußtsein ist nicht nur eine Widerspiegelung der Realität, sondern es ist deren Widerspiegelung in Form einer Konstruktion. Es ist Bild und Entwurf, es ist rezeptiv und aktiv zugleich.

3. Die Wirklichkeit ist extensiv und intensiv unausschöpfbar. Wir erfahren sie in Form selektiver Bilder. Die Auswahl wird bestimmt durch die Struktur und Kanalkapazität unserer Sinnesorgane, durch unsere Sprach- und Denkgewohnheiten, vor allem aber durch erkenntnisleitende Interessen, die der Ausdruck unserer Lebenspraxis sind. Daß uns eine bestimmte Küstenlinie als Bucht erscheint, hängt mit der Entwicklung der Seefahrt zusammen. Ebenso praxisbestimmt ist unsere Unterscheidung von schönem und schlechtem Wetter, oder unsere Fürsorgeaktion auf Lebewesen, die dem Kindchen-Schema entsprechen. Ästhetische Einstellungen, die etwa die Schönheit des schlechten Wetters zur Geltung bringen, sind dagegen perspektivische Entzerrungen, höhere Freiheitsgrade der Wahrnehmung, die durch Praxisferne entstehen und freilich bei fortschreitender Praxisferne übergehen können in die Erfahrung, daß die Wirklichkeit für sich da ist, unabhängig von unseren Relevanzstrukturen, daß sie sinnlos ist, nämlich nur ist.

4. Die ästhetische Einstellung ist nicht realitätsgerechter als die praktische, sondern es sind einander kompensierende, einander kritisierende Sichtweisen. Ein ausschließlich praktisch orientiertes Sehen kann banal und borniert werden, ein losgelöst ästhetisches verblasen und esoterisch. Beides wäre nicht realistisch zu nennen.

5. Es gibt allerdings einen Vorrang des Gewohnten und Alltäglichen. Ansichten der Wirklichkeit, die im gesellschaftlichen Handlungs- und Kommunikationssystem vorausgesetzt und bestätigt werden, gelten als realistisch, die Abweichungen erscheinen als bloß privat, lächerlich, falsch, irrig,

krank, phantastisch, verrückt, irreal, böse, obskur. Der Abweichung wird nicht der gleiche Seinsrang zugemessen wie der Norm.

6. Der gesellschaftliche Konsens verdankt sich der gemeinsamen Sorge um die Lebenserhaltung, – und seine praktische Bedeutung gibt ihm seine Autorität. Gemeinsame Klassifikationen, Vorurteile, Gewohnheiten schaffen wechselseitige Erwartbarkeiten, verkürzen die Reaktionszeiten bei der Verständigung, verringern die Konfliktsituationen und Probleme, verringern die Zahl der notwendigen Entscheidungen, verstärken das Vertrauen, ermöglichen die Arbeitsteilung, machen langfristiges kooperatives Handeln möglich. Diese Erfolge verstärken die Struktur der in gemeinsamer Praxis geschaffenen Welt. Sie verfestigen sie durch Verinnerlichung und Institutionalisierung.

7. Jedes gesellschaftliche System, jedes Individuum verhält sich notwendig selektiv zur Wirklichkeit und konstituiert dadurch einen exterritorialen Bereich unbewußter, verdrängter, vergessener, verbotener, unentdeckter, nicht aktualisierter, möglicher Wirklichkeit.

8. Die etablierte Wirklichkeit und die exterritoriale sind nicht vollständig getrennt. Es gibt viele Grenzübergangsstellen. Überall, wo das praktische Risiko vermindert wird, lockern sich auch die Kontrollen, so im Traum, in der Phantasie, in der Kunst, im Spiel, in der Theorie.

9. Das gesellschaftliche Handlungs- und Kommunikationssystem braucht solche Probebühnen, auf denen praktisch noch unbeherrschte, abweichende Möglichkeiten durchgespielt werden, auch bedrohliche und ruinöse. Diese noch inaktivierte, aber doch schon bereitgestellte, erweiterte Erfahrung stellt das Wandlungspotential des Systems dar, seine Alternativen, möglichen Differenzierungen, Modifikationen, Werdensrichtungen, auch seine Gefährdungen.

10. Je größer die Problemlösungskapazitäten eines Systems sind, desto größer ist auch seine Toleranz gegenüber dem Neuen, Abweichenden, Unbekannten, das heißt sein Realismus.
11. Realismus ist eine Tendenz, vereinfachende realitätsabwehrende Schemata aufzulösen zugunsten größerer Komplexität.
12. Realistische Kunst ist inhaltlich und formal nicht festzulegen, denn sie erweitert dauernd ihren Aufmerksamkeitsbereich und ihre Darstellungsformen, sie ist eine unabschließbare Entdeckungsreise.
13. Die Entdeckungsreise kann extensiv sein, das heißt unbekannte oder verbotene Bereiche der Wirklichkeit und des Lebens erschließen; ein Beispiel ist die mit dem Naturalismus beginnende Entdeckung bzw. Wiederentdeckung der Sexualität. Heute, unter den Bedingungen der totalen Information wird die Entdeckungsreise eher intensiv als extensiv sein. Sie sucht das Unbekannte im scheinbar Bekannten, sie gibt der durchinterpretierten Welt ihre Fremdheit zurück, um sie neu erfahrbar zu machen. Denn wir haben die Realität nicht ein für alle mal, sie muß immer wieder neu aktualisiert werden.
14. Durch Gewohnheit und Wiederholung verblaßt die Erfahrung der Realität, sie wird erst wieder frisch, wenn die gewohnten Schemata der Informationsverarbeitung gestört werden. Solche Krisen der Informationssynthese erzeugt der realistische Schriftsteller durch ungewohnte Organisation und Selektion seines Materials.
15. Der Leser erfährt die Realitätshaltigkeit eines Werkes durch den Widerstand, den es seiner Vorerfahrung entgegensetzt. Er kann das Werk nicht restlos in die gewohnten Schemata seiner Informationsverarbeitung einbringen, muß vielmehr deren Inkompetenz, deren Begrenzung erkennen und sie durch Korrektur oder Erweiterung neu an die Realität anpassen. Das

heißt, er macht eine Erfahrung. Das kann eine Abfolge diskreter Irritationen sein, oder ein durchschlagendes Evidenzerlebnis, ein plötzlicher Erkenntnisschock.

16. Erfahrungen entstehen auf Grund von Vorerfahrung, durch deren Umdeutung und Korrektur. Der Schriftsteller fügt frei bewegliche, vom Anlaß gelöste Erinnerungen zu neuen Vorstellungsmustern zusammen. Es sind fiktionale Erweiterungen seiner Vorerfahrung. Der Leser tut nichts anderes, nur läßt er sich durch den Text führen.

17. Normative Kunst stellt allerdings immer wieder die alten Erfahrungsmuster her. Sie entspricht einer stationären Gesellschaft, die sich nur reproduzieren und ihren Systembestand sichern will.

18. Innerhalb einer komplexen sich verändernden Gesellschaft wirkt normative Kunst unrealistisch. Ein Beispiel ist der Trivialroman, der die Welt immer wieder in das einfache alternative Schema von gut und böse einordnet und mit dem Happy-End diese Struktur bekräftigt. Dieses Manöver dient nicht mehr der Realitätsbemächtigung, seine Funktion ist im Gegenteil Ablenkung und illusionäre Anpassung an eine unkenntlich gemachte, weil kränkende Realität.

19. Realismus in der Kunst bedeutet Zerstörung gewohnter Ordnungen, um neue komplexere Informationssynthesen herauszufordern.

20. Die Auffassung des Realismus als einer unabschließbaren Entdeckungsreise entspricht einer Gesellschaft, die ihre Formen der Realitätsanpassung und -bewältigung nicht dogmatisch verteidigt, sondern auf Selbsttransformation angelegt ist.

Getrenntsein heißt sprechen, Alleinsein lauschen

Die Brandung rauscht anders
als der Baum.
Es ist ein Donnern darin,
während der Baum flüstert.
Trockenes Schilf knistert unter meinem Schuh.
Das Reisig knackst, splittert und kracht.
Und doch ist alles miteinander verwandt,
wie das Meerwasser und unser Blut,
wie Deine Lippen und das Blütenblatt,
wie der heisere Lockruf des Fasans,
das Taubengurren und der Möwenschrei
und diese Worte.
Oder sind sie stumm?
Ich lag in der Dünenmulde,
im fahlen Wintergras, gewärmt
von der Sonne
und nichts fehlte mir,
außer daß Du es hättest sein sollen:
das Gras, der Sand, die Mulde.
Der Lufthauch auf meinen geschlossenen Liedern
kam nicht aus Deinem Mund.
Doch weil sich alles gleicht,
warst Du auch bei mir
und kannst mich nie verlassen,
weil Du mich überall umgibst.

Fernsehfilm *Wiederkommen*
Film in Anlehnung an das Prosastück *Wiederkommen*.

Ein Ehepaar, das immer wieder an denselben Ort an der belgischen Küste fährt (zwischen Knokke und Blankenberge). Dort werden verschiedene Zeiten ineinandergeschoben: frühere Sommeraufenthalte und ein winterlicher oder spätherbstlicher Aufenthalt. Das Ehepaar besitzt ein Appartement in einem der Appartementhäuser mit Blick auf das Meer. Dort sitzen sie immer. Vielleicht ist es ein Wochenende. Der Mann versucht etwas zu arbeiten. Ist er Schriftsteller, Professor? Die Frau ist im Hintergrund anwesend, sie trinken gemeinsam Tee, gehen gemeinsam am Strand spazieren an den leeren Fassaden vorbei mit den verrammelten Fenstern und Türen. Den ausgeblichenen Farben. Den Plakaten und Blechschildern mit Sonnenölreklamen. Sie sind dick vermummt. Wenige ebenfalls dick vermummte Spaziergänger. Wenige parkende Autos. Ein Hund ist mit seinem Herr auf dem weiten Strand. Plötzliche Standfotos. Plötzliche Sommerbilder. Der Strand völlig leer. Sommer. Jemand buddelt eine Frau ein. Umkehrung. Ein junges lachendes Mädchen buddelt den Mann ein, plötzlich hysterisches Schaufeln. Es ist seine Frau, die ihn einbuddelt. Es ist Herbst. Vergrabene zugewehte Gegenstände. Ihre Spuren nebeneinander. Man sieht sie gehen. Das Eingraben ist das erste Sichtbarwerden des Todesmotives. In wessen Bewußtsein? Er? Sie? Der Mann hat eine Geschwulst am Hals. Krebs? Belangloser Dialog, der sich ewig wiederholt. Die Personen sind im Bild, dann nicht, nur leere Stühle mit dem Blick aufs Meer. Plötzlich ist es Nacht. Sie kommt aus dem Meer auf das Fenster zu. Standfoto. Weiterlaufen. Standfoto. Sommer. Sie sind jünger. Sie kommen mit dem Auto an und packen ihre Sachen aus. Sie sitzen da. Es ist Herbst. Der Strand ist leer. Der Mann bewirft mit Steinen eine im Wasser treibende Tonne. Plötzlich ist es die schwimmende Frau. Die Steine schlagen bei ihr im Wasser ein. Sie schreit. Die leere Brandung. Dieses Todesbild. Das Mordmotiv kehrt häufig wieder und steigert sich zu äußerster Gewaltsamkeit. Auch eine andere Szene. Eine Wasserleiche wird aus dem Meer geborgen, eine Frau. Ein junger Mann von der Rettungsmannschaft macht Mund-zu-Mund-Beatmung. Plötzlich sieht der Mann seine Frau in einer wilden sexuellen Szene mit dem jungen Mann. Das faszinierte steinerne Gesicht des Mannes der zuschaut. Der Mann ist allein am Strand. Der Strand ist leer. Sie gehen wieder nebeneinander. Wortlos. In der Stadt am Meer kaum Menschen. Eine blinkende Verkehrsampel, kein Verkehr. Blechschilder mit gebräunten Körpern in der Sonne. Junges Mädchen mit dem Niveaball. Sie ist es. Sie läuft über den sommerlichen Strand.

Widmungen. Ein Foto und sechs Gedichte in verschiedenen Stilen
Für Cornelia und Klaus Otto Nass, Mai 1978

Hölzern und steinig und sandig
der Konkreten Poesie

Das Holz und der Nagel
der Stein und die Flaschen.
Und der Sand.
Der Stein und der Nagel
im Sand.
Der Stein und die
Flaschen
scherben.
Der Nagel
im Holz
im Stein
im Sand
in den Flaschen.
Sand
in den Flaschen

Frieden
für Bert Brecht

Heimgekehrt aus dem großen Krieg
Fand ich heut am Strand
Zerschlagene Flaschen.
Schutt –
Man wird ihn wegräumen
Doch ich sah ihn an
Ohne Ungeduld.

Finale
in Erinnerung an Gottfried Benn

Finale, ach, Finale:
du gingst an jedem Strand
und sahst die Schattenmale
des, der die Welt entband.
Das Holz und auch der Nagel,
die Flaschen und der Stein,
es sind die Kreuzfanale
von Abel schon und Kain,
es sind die alten Zeichen
dort vor dich hingestreut,
du kannst dir nicht entweichen,
auch wenn dein Sein dich reut.

Echt
den neuen Poeten des Alltags

Echt – die Penner haben die Flaschen zerkloppt
und 'nen rostigen Nagel plopp
in's Holz gedonnert
zum Öffnen der Kronkorken,
oder einfach aus Wut,
weil die Flaschen leer waren,
als sie einmal rumgereicht wurden.
Bier versickert ja wie'n Regentropfen
im Sand,
wenn man bloß die Augen schließt.

Beim Anblick einiger verlorener Dinge
in memoriam Rainer Maria Rilke

Ist dies auch nichts als Zufall –
Beieinandersein von Stein und Flaschen,
Sand und Holz und Nagel,
so rührt's mich doch als wie ein Donnerhagel
von Gegenwart und Sinn,
wenn Stein die Flasche trifft
und Holz sich gibt dem Nagel.
Nur Sand ist sinnlos,
ist ein ewiges Missen-müssen
von Unterscheidung. Öde Einfalt
mag der Sinn nicht küssen.

Sinnwunde
für Paul Celan

Hirn- oder Herzzeit,
beide greifen nach dir.
Dein Augapfel, hinter der Sprache,
schmerzt,
wo Nagel das Holz trifft,
Stein das Glas.
Sinnwunde
blutet sich aus.
Das Nicht-mehr-zu-Nennende
belehrt deine Hände.

Gabriele Ewenz und Werner Jung im
Gespräch mit Dieter Wellershoff, 07.07.2015

WJ: Es gibt in den letzten Jahren ein starkes Bemühen in den Kultur- und Sozialwissenschaften, sich mit der Frage des Raumes zu beschäftigen. Man hat auch gerade im Blick auf die Kulturwissenschaften von einem neuen Turn gesprochen, was auch immer das sein mag. Um an dieser Stelle eine metaphorische Formulierung aufzugreifen: es geht darum, im Raum die Zeit zu lesen. Dieter, kannst Du mit einer solchen Einschätzung etwas anfangen?

DW: Also das ist ja eine ganz normale Erfahrung, wenn man sagt, das dauert 'ne Viertelstunde, bis ich da bin. Der Raum ist gewissermaßen die Möglichkeit und der Widerstand, und wir versuchen, darin etwas zu realisieren, was immer auch mit Suchen zu tun hat – oder mit dem Verfolgen eines imaginären Vorhabens, eines Plans. Insofern ist das etwas sehr Elementares. Wenn man es auf einem flachen Papier liest, ist es vergeistigt. Also es wirkt sich nicht hervor, aber umso stärker ist seine Eindrucksfähigkeit. Man liest etwas über die Welt, die auch da ist, die aber hier sozusagen in einer imaginären Form wahrgenommen wird als ein Zeichensystem auf Papier mit weißem Grund. Das ist etwas, was sehr elementar mit dem Schriftstellerberuf zu tun hat, ja. Ich glaube, man kann durchaus sagen, was der Schriftsteller macht, ist eine Suchaktion. Es hat sich etwas gezeigt, ist vorübergegangen, war kurz sichtbar – mithin eine Suchaktion, indem man dem auf den Fersen bleibt, was sich da gezeigt hat und allmählich dann auch sieht, dass es ganz komplex sein kann, dass es eine ganze Welt sein kann, die sich zu äußern begonnen hatte. Das hat dann auch etwas Detektivisches an sich. Für mich ist das Schreiben immer dann interessant, wenn der Text noch überhaupt nicht feststeht, sondern wenn man einen Anfang hat, der einem eine eher spontane Äußerung abverlangt, die dann rückblickend oft zur Reflexion

drängt, ja, was hab ich denn da gesagt und was ist mein Bild, dem ich hier folgen möchte. – Also wie zum Beispiel diese kleine runde Form (Abb. S. 85) und diese andere, die haben sich mir plötzlich als eine Gesellschaft dargestellt. Das ist Erschließung von vorgegebenen Formen und Sinnfiguren, und meistens findet das rein im Kopf statt, aber es ist immer der Versuch, über das bloß Geahnte und bloß Gedachte und so weiter hinwegzukommen in eine massivere, deutliche Konkretion. Einen Text verstehen oder eine Konstellation lesen zu können, das ist das eigentliche Vorhaben. Eigenartigerweise entstehen dabei, wie ich nachträglich gedacht habe, auch schon durch die Art des Denkens und des Vorhabens Schritte über das normale Verständnis hinaus. Es gibt zum Beispiel ein Landschaftsbild oder ein Episodenbild von Dingen, die sich sehr ähneln, die in der Nachbarschaft bestehen. Bei der Lektüre eines Textes über die vorgeschichtliche Entstehung von Formen und Sinnzeichen habe ich festgestellt, dass dieses eine runde Gebilde durch ein anderes rundes Gebilde beantwortet worden ist. Dann dachte ich, das ist eigentlich das, was uns von der Evolution erzählt worden ist. Da entstehen Strukturen, die in sich über sich hinausweisen – und man könnte sagen, das ist schon der Beginn einer Formensprache, einer Schrift.
WJ: Dann wäre aber – wenn ich da mal einhaken darf – das Schreiben so etwas wie eine Suchbewegung.

DW: Das Schreiben ist in der Regel, ich würde sagen: in der Alltagssituation etwas, was man ein Vorhaben nennen könnte, ich will das und das beschreiben. Und dann schaut man es sich an und macht das. Was ich z. B. eben geschildert habe, ist das Entwickeln von Formen, die man einfach akzeptiert hat, dass sie sich als Bildformen angeboten haben und bei denen man dann, wenn man sie sich länger anguckt, auch noch mehr erkennen kann. Ach so, das ist eine zerschlagene Porzellanflasche oder Glasflasche, oder ein Brett mit einem Nagel drin, und so weiter. Das heißt, man erschließt eine Erfahrung (Abb. S. 71).

GE: Herr Wellershoff, es gibt eine Reihe von Fotografien von Ihnen, die eben genau das zeigen, was Sie gerade beschrieben haben. Es sind Aufnahmen von Fundstücken, Strandgut. Können Sie sich noch daran erinnern, in welchem Kontext diese Fotografien entstanden sind?

DW: Im Grunde waren das Zufallsfunde auf Strandspaziergängen. Was da alles angeschwemmt wurde, was da rumliegt, wer da etwas verloren hat, wer da etwas aufgebaut hat, und vor allen Dingen das Zusammentreffen von Verschiedenem, was manchmal aussieht wie ein Unglücksfall oder wie eine Aggression, oder wie eine Mitteilung. Jedenfalls irgendwas muss da gewesen sein, was mich motiviert hat, oder auch, oh, da habe ich was gesehen, das muss ich jetzt mal festhalten. Ich habe eigentlich wahllos diese Dinge aufgenommen.

GE: Mithin war das kein Konzept, was dahinterstand, dass Sie bewusst am Strand entlang gelaufen sind und danach gesucht haben, sondern es war eher das Zufallsprinzip, dass Ihre Augen ...

DW: Gefundene Blicke. Ja, ja, so war das. Aber das andere gibt es natürlich auch, also ich schau mal, ob da irgendwelche Metallteile rumliegen oder irgendetwas, das man wiedererkennt oder nicht wiedererkennt und so weiter. Oder irgendetwas, was ich deuten kann, wenn ich erkenne, dass da etwas

stattgefunden hat, das die Sache zerstört und verändert hat, und so. Also eine Schule des spontanen Sehens, die man beim Spaziergehen machen kann, eines Umherblickens, ohne das Gesehene schon in einer Frageordnung einzuordnen, sondern es einfach nur hinzunehmen als: ach, wie interessant. Und tatsächlich stellt sich meist heraus bei einem längeren Hinblicken, dass das Ding zu sprechen beginnt. Etwa so: da ist ein kleines Unglück passiert, oder so, da ist ein Stein drauf gefallen, – und man kann dann weiterdenken, wenn man als Schriftsteller davon ausgeht, einen Strand zu schildern, aber man kann es in dieser Spontanform auch aus sich heraus weiterentwickeln.

WJ: Das ist schließlich dasjenige, was ich eben meinte: die literarisch-künstlerische Konstruktion.

DW: Es geht um Wirklichkeit und Konstruktion. Also für mich greift das Nebeneinander dieser beiden Wachstumsbildungen ineinander, das waren beides Mal organische Grundformen, die wohl sehr der ganz frühen Evolution entsprechen. Das heißt also, dass sich Minipartikel miteinander verbinden und ordnen, so dass sie also sozusagen das Konzept des Kreises schon gehabt hätten; und dann kommt das Material hinzu und folgt diesem Konzept des Kreises, das in der Realität vielleicht nur andeutungsweise zu sehen war, aber jetzt ist es ein Entwurf. Und das Eigenartige ist, bei einem zweiten Entwurf sieht man das wieder. Und irgendwie kann man dann davon ausgehen und wird durch Lektüre noch bestätigt: das ist überhaupt die Art, wie die Evolution damit umgeht. Also kleine Dinge, in denen eine Art Berührung ist, die aneinander festhalten, die sich vertiefen, in diese Form neue Dinge reinholen. Allmählich entsteht so ein Bild von Kreisgegenständen oder von was auch immer. Die Evolution arbeitet mit gefundenen Formen.

GE: Würden Sie sagen, dass die Literatur und die bildende Kunst mit ähnlichen Verfahrensweisen arbeiten?

DW: Das würde ich so sagen; ich würde aber auch meinen, zunächst mal hat sie ja den Erkenntnisfortschritt schon sozusagen festgemacht. Weil, ich geh jetzt spazieren und guck mir mal an, was am Strand liegt. Wenn man diese Themenstellung sozusagen als Suchbefehl übernimmt, dann hat man gewissermaßen aktiv in diese Richtung geguckt. Es muss nicht unbedingt dabei herauskommen, dass man lauter grüne Dinge entdeckt, die rund sind, aber es kann mal so sein, es kann aber auch ganz anders sein. Jedenfalls sind dies Fundstücke von Formen, die es in der Wirklichkeit andeutungsweise gibt. Das war mein Eindruck, als ich diesen Vortrag über die frühe Evolution gehört habe und dabei erfahren habe, dass es manchmal ganz kleine, millimeterkleine Partikel sind, die aufeinander zugehen, sich anziehen und sich anordnen, zum Beispiel zu einem Kreis; das ist ein schöpferischer Vorgang in der Natur, einfach durch Anziehungskraft und so weiter. Das ist dann vielleicht schon der Ansatz zu einem Lebewesen.

GE: Sie würden schon den Zusammenhang sehen zwischen der Naturwissenschaft auf der einen Seite, wie Sie das gerade beschrieben haben, und den bildenden Künsten, der Literatur, dass es ein Verschränkt-Sein gibt.

DW: Normalerweise ist der Interessensraum, in dem der Schriftsteller sich bewegt, das menschliche Leben. Dabei werden auch Dinge erschlossen. Es kommt darauf an, das Verhalten eines Menschen lesen zu können. Wieso und warum, was hat er da gemacht, was wollte er mir sagen oder was wollte er mir nicht sagen. Es beginnt immer, wenn das Sehen problematisch und differenziert ist, ein Entdeckensvorgang. Normalerweise ist es so, dass wir die Welt als das Bekannte abheften in unserem Gedächtnis. Ach wie schön, ja, guck mal hin und so weiter, und dann machen wir uns darauf aufmerksam. Aber das, was wir jetzt vorhin beschrieben haben, ist natürlich ein Prozess, der jetzt eine eigene Entwicklung herausbildet. Das andere ist sozusagen das Auffinden dessen, was am Wege liegt. Alles das gehört beim Schreiben, Zeichnen und Erinnern und so weiter zusammen. Es ist ein Prozess ständigen Einsortierens in Wirklichkeitserfahrungen.

WJ: Das ist das eine, glaube ich, aber das andere, so habe ich Dich verstanden, auch ein Plädoyer für Kontingenz, eine Kontingenzerfahrung.

DW: Ja. Denn eigentlich leben wir immer in einer Welt, die noch nicht ganz vollständig geworden ist. Wenn sie uns fasziniert, ist sie noch nicht ganz fertig. Oft gibt es verschiedene Möglichkeiten.

GE: Also ein Plädoyer für das offene Prinzip, das ist das, was sozusagen auch die Neugierde weckt, um Dinge erkennen und vielleicht auch anders einordnen zu können.

DW: Man findet so etwas vor, zwei Eistüten, die im Sand herumliegen (Abb. S. 85), eine von der Seite und eine von oben, und Sand ist in sie eingefüllt, das hat mich fasziniert, also etwas ganz Alltägliches. Für mich war das aber das Bild einer kleinen Katastrophe, des Befremdens. Da hat sich was getrennt, auseinander gerissen, einer liegt, einer steht, ist gefüllt mit Sand, das ist ein vieldeutig zu lesendes Bild. Ein Zufallsbild. Solche Zufallsfunde gibt es in der Natur. Da liegt es! Schau dir das an! Das ist ein Muster für Leben, reales Leben. Man geht normalerweise vorbei ohne es zu sehen.

GE: Das heißt, erfordert ist immer der wache und aufmerksame Blick auf die Dinge und Strukturen.

DW: Nein, nicht dass man unbedingt mit aufmerksamem Blick herumgeht, sondern das sind Gelegenheitsfunde. Dass man einfach feststellen muss: *ach guck mal!*, das genügt an sich. Die Ähnlichkeit und die Verschiedenheit ergeben zusammen eine Spannung, einen Hinweis. Dann kann man da auch mehr lesen, man kann sehen, hier gibt es eine Strömung der Sandmaterialien, ob das Wind war oder Regen, Wasser, man kann erkennen,

dass diese Tüte wahrscheinlich leer ist und die andere gefüllt mit Sand. Alles das kann man als Metapher nehmen. Und wenn mir jetzt jemand sagt, schildere mal eine Liebesgeschichte nach diesem Bild, dann könnt ich das ohne weiteres.
WJ: In welchem Verhältnis stehen Bildlichkeit und Text zueinander? Kann man sagen, dass aus der Trouvaille eine Geschichte entsteht?
DW: Ich empfinde es eher so: das ist eine der tausend Geschichten, die in der Welt herumliegen, und eine hat sich hier so realisiert, dass man sie auf den ersten Blick lesen kann. So sehe ich das, ja. Das erschließt schon die Problematik dieser Beziehung, zwischen diesen beiden Wesen, mit Sand gefüllt. Das sind Chiffren.
GE: Ja, dieses Bild mit der Planke und dem Nagel (Abb. S. 71).
DW: Da kann man nun schon sagen, das ist irgendwie symbolisch. Vielleicht lohnt es sich nicht, den Sinn der Symbolik zu erschließen, aber es ist so, da war eine ganze Flasche, jetzt die Zersplitterung und darüber ein Instrument. Hat er darauf geschlagen?
GE: Hm. Eine ganze Geschichte, die da erzählt wird ...
DW: War er wütend oder was auch immer – ich weiß es nicht. Also jedenfalls es gibt unendlich viele Zeichen in der Welt. Aber das ist natürlich nicht das normale Schreiben.
GE: Aber es ist doch ein Aspekt des Schreibens, oder kann ein Aspekt des Schreibens sein.
DW: Das meiste sind menschliche Situationen.
WJ: Aber kann man nicht auch verschiedene Entwicklungsetappen in Deinem Werk erkennen? So hat es Zeiten gegeben, in denen Du Dich stärker für das Medium Fotografie interessiert hast.
DW: Also die Fotografie ist eigentlich immer ein Medium gewesen, das mich fasziniert hat. Die Tatsache, dass man die ungeheure Vielfalt der Welt festhalten kann, um sie sich genauer anzuschauen, das ist ja fantastisch. Fast gefährlich für einen Schriftsteller.
GE: Inwiefern?

DW: Na ja, dass er anfängt, die Wirklichkeit abzuschreiben. Das Problematische bei der Fotografie ist natürlich, dass man vieles dokumentarisch festhalten kann, möglicherweise verblüffend genau, und dass es für einen Schriftsteller gar nicht gut ist, so fest gebannt zu werden.

WJ: Ja, das ist das, was ich eben vielleicht ein bisschen missverständlich auch Möglichkeitsraum genannt habe, um auf unsere Raummetaphorik wieder zurückzukommen. Es geht ja nicht um irgendwelche Abbilder oder Widerspiegelungen von etwas, sondern es geht darum, Möglichkeiten, die in der Realität drinstecken können, deutlich zu machen, durch die Malerei, durch die Textproduktion, durchs Erzählen.

DW: Die Schriftstellerperspektive ist verbunden mit seinem täglichen Leben und den zuströmenden Eindrücken, Gesprächen, Büchern, was auch immer. Was dazu führt, einen empfindlichen Bereich näher anzuschauen und da einzudringen. Und möglicherweise da auch sozusagen schon eine einschneidende perspektivische Voraussetzung zu akzeptieren, unter denen man das sieht und darstellt.

GE: Herr Wellershoff, die Fotografien, die wir hier liegen haben, haben zumindest für Sie insofern noch eine Bedeutung, als Sie sie täglich sehen, denn sie hängen bei Ihnen im Treppenhaus, im Flur – das wird einen Grund haben. Es handelt sich, vermute ich, nicht nur um dekorative Zwecke, warum sie heute nach so vielen Jahren immer noch präsent im Alltag sind.

DW: Ich meine, dass in diesen Gegenständen eine Präsenz erreicht ist, die gar nicht altert. Es ist auch eine Präsenz des Psychischen, das sind Zerstörungen, Zerstörungsprozesse. Aber manchmal werden auch geistige Beziehungen dargestellt. Was ist denn hier alles vergraben. Man könnte glauben, das sind Fetzen einer verwirrten Seele, die aus dem Sand hervor wuchert (Abb. S. 80).

GE: Man hat zum Teil eben auch das Gefühl, man schaut durch ein Mikroskop in ein Inneres, man meint, irgendwie Zellstrukturen erkennen zu können ...

DW: Das ist es auch, ja.
GE: Es ist ein Geflecht von Nervenbahnen oder Adern, Haut, die sichtbar wird ...
DW: Ja.
GE: Das hat letztendlich, finde ich, auch etwas sehr Organisches.
DW: Also ich habe hier, wenn ich dieses Bild (Abb. S. 69) angucke, ganz starke sinnliche Vorstellungen von Härte, Widerstand, einer gewissen Kälte im Stein und so weiter. Da kann ich nicht dran vorbei, da muss ich drum herum gehen, das versperrt den Weg. Aber die Massivität dieser Materie, die diese etwas autoritäre Form angenommen hat, dann daneben diese kleinen Haufen sind wieder eine andere Perspektive. Und ganz hinten schimmert das Wasser.
GE: Herr Wellershoff, es gibt ein Foto, das eine Holzplanke mit zerborstenem Glas zeigt, flankiert wird das Bild von sechs Gedichten von Ihnen.
DW: Aha, weiß ich gar nicht mehr.
GE: Gedichte, die Sie dem Foto zugeordnet haben, ja, wo man das Gefühl hat, das Gesehene war sozusagen auslösendes Moment, dann ...
DW: Wollen Sie eins vorlesen?
GE: Nein, das machen Sie besser, es sind Ihre Gedichte. Es ist betitelt: **Beim Anblick einiger verlorener Dinge.**
DW: **Beim Anblick einiger verlorener Dinge.**
Ist dies auch nichts als Zufall –
Beieinandersein von Stein und Flaschen,
Sand und Holz und Nagel,
so rührt's mich doch als wie ein Donnerhagel
von Gegenwart und Sinn,
wenn Stein die Flasche trifft
und Holz sich gibt dem Nagel.
Nur Sand ist sinnlos,
ist ein ewiges Missen-müssen

von Unterscheidung. Öde Einfalt
mag der Sinn nicht küssen.

Finale
Finale, ach, Finale:
du gingst an jedem Strand
und sahst die Schattenmale
des, der die Welt entband.
Das Holz und auch der Nagel,
die Flaschen und der Stein,
es sind die Kreuzfanale
von Abel schon und Kain,
es sind die alten Zeichen
dort vor dich hingestreut,
du kannst dir nicht entweichen,
auch wenn dein Sein dich reut.

DW: Aber das sind Gedichte, wie ich sie normalerweise nie schreibe, aber inspiriert durch ...
GE: Durch dieses Fundstück.
DW: ... dass man versucht, dem Fundstück sozusagen einen Bezug zu geben, in dem auch Sinn möglich wird, ja. Ich überziehe den Sinn.
WJ: Ja, das hat auch parodistische Züge.
GE: Gab es bei Ihnen Berührungspunkte zur konkreten Poesie, zur visuellen Poesie, zu Personen wie Eugen Gomringer und Max Bense? Oder würden Sie das verneinen und sich gar davon distanzieren?
DW: Es gab Berührungspunkte, ja, es waren keine Vorbilder für mich, – doch Berührungspunkte, ja. Man sieht das ja eben auch an den Motiven in den Fotos, das Interesse am Detail.
WJ: Du spielst vermutlich auf die Phase in den frühen sechziger Jahren an, wo Du, das könntest Du vielleicht ein bisschen erläutern, wie es dazu gekommen ist, kalligraphische Texte verfasst hast.

DW: Das war eine Zeitlang, eine sehr kurze Zeit, aber das ist verloren, ...

GE: Ja, aber wie kam es dazu?

DW: Ich hatte Zeitschriften herausgegeben in dem Verlag, in dem auch solche Texte drin vorkamen. Das war eine gewisse ironische Konkurrenz für mich: das kann ich auch, was ihr da gemacht habt.

WJ: Aber größere Gemeinsamkeiten gibt es eigentlich nicht.

DW: Das war überhaupt nicht in mir angelegt.

WJ: Es hat so einen parodistischen Zug bei Dir.

DW: Mein Text war schon eine Antwort auf eine Struktur, die ich aus der Zeitung entnommen habe. War dann auch ein bisschen ironisch, nicht.

GE: Das ist ja auch nur eine relativ kurze Werkphase, wenn man Ihr schriftstellerisches Werk in Gänze betrachtet.

DW: Ja, Beiträge eines Wochenendschriftstellers.

WJ: Es sind Bemühungen, die vor dem Beginn Deiner eigentlichen erzählerischen Entwicklung liegen.

DW: Es ist ein bisschen so, das kann ich auch machen, ich mach' das mal schnell, aber ich will nachher was anderes machen. Es gab mit Bense sehr viele Gespräche ironischer Art. Ich muss sagen, und das entdeckte ich später, dass ich sehr im Widerspruch meine eigenen Sachen entwickelt habe. Vorgefundene Materialien – das mach ich auch mal, aber ganz anders. Ein experimenteller Anreiz für mich. Allerdings nehme ich eine ironische Distanz ein.

WJ: Das ist richtig.

DW: Von mir aus hätte ich so etwas freilich nie gemacht, es war mir zu belanglos.

GE: Also ein Programm à la Bense oder Gomringer?

DW: Basteleien habe ich das für mich genannt.

WJ: Nennen wir's Spielcharakter, das Ablehnen von Referenzen.

DW: Hier ist dann ja auch bei mir sozusagen die Schleife zurück zum bedeutenden Gedicht gezogen, in dem das Ganze auf eine Deutung hinausläuft.

WJ: Ja, auf Tradition bezogen. – Eine Aussage eben fand ich interessant. Nämlich dass Du Dich in der Ablehnung von bestimmten Positionen erst entwickelt hast. Wie bringst Du das mit Parodien oder auch ironischen Umgangsformen zusammen, die doch eigentlich nur Geltung für diejenigen haben, die keine eigene Haltung für sich beanspruchen. Also, was für ein Verhältnis hast Du zur Ironie? Es gibt ja große Traditionen in der Literatur des 20. Jahrhundert, die das ironische Erbe von Sokrates über die Romantik, Kierkegaard und Thomas Mann fortsetzen?

DW: Die Ironie ist das Medium, die Form, die sagt: über alles kann man reden. Meiner Meinung nach ist da sehr viel Selbstschutz dabei, wenn beispielsweise Thomas Mann den **Zauberberg** schreibt. Also ich – Thomas Mann, so die Haltung – kann nicht damit identifiziert werden, obwohl ich es bin, nämlich in der Art, wie ich es offenbar machen kann. Und das ist auch mein höheres Amüsement, was ich dabei habe. Aber das ist nicht das Letzte, was über Menschen gesagt werden kann. Das ist auch nicht mein Job, das mute ich mir gar nicht zu, in die Dimension vorzustoßen, wo das Äußerste über Menschen gesagt wird. Ironie ist der Bereich, den man nicht verlassen sollte. Wenn das so ist wie bei Thomas Mann, dann soll man den Bereich der Ironie nicht verlassen. Man darf sozusagen einen Ausguck haben. Durch die ironische Beleuchtung und so weiter sieht man alles zwar noch einmal neu, das ist richtig. Aber es ist gewissermaßen auch ein Vermeidungsverhalten.

WJ: Das heißt, der Ironiker ist nie zu fassen.

DW: Nein. Er muss dagegen kämpfen, dass man denkt, der spricht von sich, aber er muss auch sagen: Ich spreche auch für mich. Ja.

WJ: Ich versuche mir gerade vorzustellen, ob es überhaupt ironische Passagen gibt in Deinem Prosawerk. In der Prosa – wir reden jetzt nicht über die Texte von eben, die aus den frühen sechziger Jahren.

DW: Nein, nein.
GE: Ich sehe auch nicht, dass die Ironie ein wesentlicher Bestandteil Ihres literarischen Schreibens ist.
DW: Das Leben ist zu kostbar, zu stark, für mich.
WJ: Um damit zu spielen?
DW: Ja.
WJ: Ich würde gerne noch einmal auf die Frage des Raumes zurückkommen. Es gibt ja eine Position, die von einer Reihe von Autoren geteilt wird und die besagt: der Raum ist so etwas wie der Ankerplatz des Erzählens. Man könnte z. B. auf Heinrich Böll verweisen, neuerdings auch auf Wilhelm Genazino. Ich frage Dich direkt unter Bezug auf Stellen auf Dein Köln-Buch Pan und die Engel, was es bedeutet, dass die Kölner Südstadt Dein Biotop ist.
DW: Ja, das ist sie. Aber gewissermaßen ohne dem etwas Grandioses beizumessen. Ich geh einfach hier raus und kaufe ein halbes Brot und treff noch jemand und dann fällt mir noch ein, ich könnt eigentlich noch ein Bier trinken, und dann geh ich nach Hause, oder so. Aber das ist natürlich zu Hause sein, so kann man sein Zu-Hause-Sein beschreiben. Ich brauche da keine großen Begründungen und Erlebnisbereitschaften, na ja, das ist alltäglich. Es gibt Räume, die für mich eine Rolle spielen. Wobei entscheidend ist, dass es vielfach Erlebnisse aus dem Krieg sind.
WJ: Das ist dann so etwas wie der gefährliche Raum, der bedrohliche Raum.
DW: Ja, das, was wir als eisenhaltige Luft bezeichnet haben, wo alle gestorben sind und geschrien haben – und was mir gesagt worden ist von einem Kameraden, der ins Hinterland konnte zu einem Lehrgang. Der sagte zu mir: ›Dieter, pass auf dich auf, am Ende wär's schade um dich.‹ Und das ist verbunden mit einem Raum in einem dichten Gestrüpp an einem Fluss; auf der anderen Seite waren die Russen, man konnte leicht eine Handgranate rüberwerfen, und man tat dies auch. Aber die Vorstellung, dass er mir das mitgegeben hat, es gibt vielleicht

die Möglichkeit, das hier zu überleben, das hat mich das alles nie vergessen lassen, muss ich sagen. Und ich habe später immer gedacht, die vielen Gelegenheiten, wie ich da mit den beiden Granatsplittern im Bein vom Schlachtfeld gerobbt bin und nachher in den Lazarettzug kam. Das sind Dinge, die mich mein Leben lang nicht als Schrecken begleitet haben, sondern als Gewissheit, es gibt nichts, was mich noch besonders erschüttert. Die meisten Dinge werde ich alle irgendwie schaffen. Irgendwie habe ich das Gefühl gehabt, gut, du weißt, wie der Krieg ist, du hast viele Sterbende gesehen und Schreie und so weiter, dich hat's auch berührt, aber das Leben, das jetzt beginnt, wird anders sein. Ich will, dass es jetzt anders wird.

WJ: Das hört sich schon fast existenzialistisch an. Ich meine, man kommt in die Todeszone und wer das erlebt hat, der ist im Grunde für das ganze weitere Leben stigmatisiert, gezeichnet. Auf jeden Fall geprägt.

DW: Ich meine, es gab mir das Gefühl, du hast das wirklich gut überstanden, dieser russische Stoßtrupp, das hab ich ja auch in meinem Buch **Der Ernstfall** alles dargestellt; das waren dann vielleicht zehn, zwölf Mann, die alle ihre Handgranaten auf mich geworfen und meine ganze Stellung zerfetzt haben, aber ich bin nicht getroffen worden. Irgendwie habe ich eine gewisse Arroganz daraus entwickelt: Was sind denn das für Schwierigkeiten, von denen ihr sprecht! Ich war in anderen Situationen. Ja, also insofern war diese Erfahrung ganz wesentlich für meine Persönlichkeitsbildung.

Inhalt

- 5 Einführung
- 9 Schildern Sie einfach eine Straßenbahn!
- 11 ›Dies alles gilt nur innerhalb meiner Worte‹. Benn und die Epigonen
- 15 Meditationen eines Langschläfers. Versuch einer Rechtfertigung
- 17 Philemon und Baucis oder das Perpetuum mobile
- 20 Die Eroberung der Arbeit
- 30 Was ist Finismus?
- 36 Traktat über das Lästige. Quälgeist der Welt – Kobold in tausend Gestalten
- 37 Kreislauf
- 41 Jedermanns Arkadien. Notizen zur Camping-Bewegung
- 45 Man sagt
- 47 Physiognomisches Denken. Zu den Schriften Walter Benjamins
- 51 Prinzipien des Romanschreibens
- 52 Sind das überhaupt noch Gedichte?
- 54 Wetterkunde / La Paloma
- 55 Küchenlatein
- 56 Die öffentliche Neurose. Dieter Wellershoff über *Acid. Neue amerikanische Szene*
- 59 Eine unstabile Zukunft. Kunstwerke von morgen sind keine Wertgegenstände mehr
- 63 Realistisch schreiben. Vortrag bei den *Mondorfer Literaturtagen 1974*
- 68 Getrenntsein heißt sprechen, Alleinsein lauschen
- 70 Fernsehfilm *Wiederkommen*
- 74 Widmungen. Ein Foto und sechs Gedichte in verschiedenen Stilen
- 77 Gabriele Ewenz und Werner Jung im Gespräch mit Dieter Wellershoff, 07.07.2015
- 95 Drucknachweise
- 96 Bildnachweise

Drucknachweise *Schildern Sie einfach eine Straßenbahn!* In: Deutsche Studentenzeitung 2, 1952, F.6, S.19. [Wieder in: Der Kurier 44, 22.2.1954, S.9]. ¶ *›Dies alles gilt nur innerhalb meiner Worte‹. Benn und die Epigonen.* In: Deutsche Studentenzeitung 2, 1952, F.7, S.20. ¶ *Meditationen eines Langschläfers. Versuch einer Rechtfertigung.* In: Deutsche Studentenzeitung 3, 1953, F.1, S.23-24. ¶ *Die Eroberung der Arbeit.* In: Deutsche Studentenzeitung 3, 1953, F 8/9, S.25-26. ¶ *Was ist Finismus?* In: Deutsche Studentenzeitung 3, 1953, F.10/11, S.21-22. ¶ *Traktat über das Lästige. Quälgeist der Welt – Kobold in tausend Gestalten.* In: Stuttgarter Nachrichten, 21.3.1953. Unter dem Titel *Das Lästige* wieder in: Deutsche Studentenzeitung 4,1954, F.11, S.11. ¶ *Jedermanns Arkadien. Notizen zur Camping-Bewegung.* In: Deutsche Studentenzeitung 4, 1954, F.10, S.10. ¶ *Physiognomisches Denken. Zu den Schriften Walter Benjamins.* In: Deutsche Studentenzeitung 5, 1955, F.8/9, S.7. (Bei diesem Text handelt es sich um eine Rezension von: Walter Benjamin: Schriften. (Hg.) Th.W.Adorno u. Gretel Adorno unter Mitwirkung von Friedrich Podszu, S.2Bde. Frankfurt/M. 1955.) ¶ *Prinzipien des Romanschreibens (um 1960).* In: Orbis Linguarum. Legnica 1996, Vol.5, S.15f. ¶ *Philemon und Baucis oder das Perpetuum mobile.* In: Rhinozeros, 1961, Nr.3, S.22f. ¶ *Kreislauf.* In: Rhinozeros, 1961, Nr.4, S.8f. ¶ *Küchenlatein.* In: Rhinozeros, 1962, Nr.6, S.8. ¶ *In Vollpension.* In: Rhinozeros, 1962, Nr.7, S.20. ¶ *Man sagt.* In: Rhinozeros, 1964, Nr.9, S.17. ¶ *Sind das überhaupt noch Gedichte?* In: Der Gummibaum. H.1.1969. ¶ *Wetterkunde.* In: Ebd. In veränderter Fassung und ohne Titel wieder in: DIETER WELLERSHOFF: Doppelt belichtetes Seestück und andere Texte. Köln 1974, S.233. ¶ *La Paloma.* In: Ebd. ¶ *Die öffentliche Neurose. Dieter Wellershoff über ›Acid‹. Neue amerikanische Szene.* In: Der Spiegel, H.31, 28.7.1969, S.108. Unter dem Titel *Männer, Frauen und die übrigen Geschlechter* wieder in: DIETER WELLERSHOFF: Literatur und Veränderung. Versuche zu einer Metakritik der Literatur. Köln 1969, S.172-179. (Bei diesem Text handelt es sich um eine Rezension von: Acid. Neue amerikanische Szene. (Hg.) R.D.Brinkmann u. R.R.Rygulla. Berlin 1969.) ¶ *Eine unstabile Zukunft. Kunstwerke von morgen sind keine Wertgegenstände mehr.* In: Die Zeit, Nr.10, 6.3.1970, S.14. ¶ *Realistisch schreiben.* Vortrag bei den ›Mondorfer Literaturtagen‹ 1974. In: Literatur und Kritik, Jg.91, 1975, S.21-24. ¶ *Getrenntsein heißt sprechen, Alleinsein lauschen.* (undatiert) [Unveröffentl. Typoskript, 1 S., Hist.Archiv der Stadt Köln, Archiv Best. Nr.1554/193]. ¶ *Fernsehfilm ›Wiederkommen‹.* (ca.1985/86) [Unveröffentl. Typoskript, Hist. Archiv der Stadt Köln, Archiv Best. Nr.1554/4]. ¶ *Widmungen. Ein Foto und sechs Gedichte in verschiedenen Stilen. Für Cornelia und Klaus Otto Nass, Mai 1978.* In: Frankfurter Allgemeine Zeitung, 9.12.1978;

auch wieder in: WERNER JUNG. *Im Dunkel des gelebten Augenblicks. Dieter Wellershoff – Erzähler, Medienautor, Essayist.* Berlin 2000, S. 405-406.

Da – leider – bislang eine verlässliche Bibliographie Dieter Wellershoffs fehlt, sei auf folgende Titel hingewiesen, die bibliographische Angaben zur Primär- und Sekundärliteratur in umfangreichem Maße enthalten: *Dieter Wellershoff. Studien zu seinem Werk.* (Hg.) Manfred Durzak, Hartmut Steinecke und Keith Bullivant. Köln 1990; darin: GÜNTER HELMES: *Auswahlbibliographie,* S. 302-388. TORSTEN BÜGNER: *Lebenssimulationen. Zur Literaturtheorie und fiktionalen Praxis von Dieter Wellershoff.* Wiesbaden 1993. WERNER JUNG: *Im Dunkel des gelebten Augenblicks. Dieter Wellershoff – Erzähler, Medienautor, Essayist.* Berlin 2000. *Literatur ist gefährlich. Dieter Wellershoff zum 85. Geburtstag.* (Hg.) Werner Jung. Bielefeld 2010; darin: GABRIELE EWENZ: *Bibliographie Dieter Wellershoff 2000-2010.* S. 249-271.

Bildnachweise Frontispiz – Dieter Wellershoff: In Vollpension. In: Rhinozeros, 1962, Nr. 7, S. 20; S. 69, 71, 80, 85, 93 © Dieter Wellershoff; S. 28 © Henry Maitek, Literatur-in-Köln-Archiv (LiK) der Stadtbibliothek Köln; S. 8, 78 © Gabriele Ewenz

Dank Gedankt sei sehr herzlich: Klaus Bittner, Julia Majewski und besonders Dieter Wellershoff.

Impressum © 2015 Stadtbibliothek Köln, die Autoren und die Fotografen
© für die Texte von Dieter Wellershoff: Dieter Wellershoff
Gesamtgestaltung **Affairen-Gestaltung.de**, Köln
Druck **Das Druckhaus, Korschenbroich**; Papier **Fly weiß, 130 g/m**
Verlag der Buchhandlung Klaus Bittner, Köln
Printed in Germany **ISBN 978-3-926397-24-9**

lik – Schriftenreihe des Literatur-in-Köln-Archiv / Heinrich-Böll-Archiv
01 – In der Stadt, wo du lebst ... Hans Bender in Köln. Köln 2013, ISBN 978-3-926397-16-4
02 – Jedes Buch hat ein Gesicht. Heinrich Böll, Heinz Friedrich und Celestino Piatti.
    Köln 2015, ISBN 978-3-926397-23-2
03 – Die ungeheure Vielfalt der Welt festhalten. Dieter Wellershoff.
    Köln 2015, ISBN 978-3-926397-24-9

Gefördert von der
Kunststiftung NRW